Was ein CEO über Marketing wissen muss!

D1718590

Peer-Holger Stein
Philipp Stein
MarkenMonopole Entwicklungs GmbH

Was ein CEO über Marketing wissen muss!

Peer-Holger Stein

Philipp Stein

Die drei Stufen des Paradigmen-Wechsels nach Michel de Montaigne
(1533-1592)

Ein neues Denk-Modell wird vorgestellt:
„Das ist falsch. Das kann nicht sein.
Es widerspricht unseren Erfahrungen."

Wenn danach die Richtigkeit bestätigt worden ist:
„Das mag wohl zutreffen –
die Entdeckung ist aber nicht wichtig."

Nachdem sich die Bedeutung gezeigt hat:
„Gewiss ist es wichtig,
aber es ist nicht mehr neu!"

Inhaltsverzeichnis:

INHALTSVERZEICHNIS: .... - 6 -

ABBILDUNGSVERZEICHNIS: .... - 8 -

FALLSTUDIENVERZEICHNIS: .... - 9 -

MANAGEMENT SUMMARY: .... - 10 -

MARKENMONOPOL-KONZEPT: .... - 12 -

1   WAS SIE ÜBER MARKETING WISSEN MÜSSEN   - 15 -

1.1   WARUM SOLLTEN SIE DIESES BUCH LESEN? .... - 15 -
1.2   WOFÜR BRAUCHEN SIE STRATEGISCHES MARKETING? .... - 22 -
1.3   LOHNT SICH MARKETING ÜBERHAUPT? .... - 28 -

2   REDUZIERUNG DER FLOPRATE   - 33 -

2.1   PROBLEM: OPERATIVES TRIAL & ERROR-MARKETING .... - 33 -
2.2   LÖSUNG: STRATEGISCHES MARKENMONOPOL-KONZEPT .... - 38 -
2.3   DIREKTER VERGLEICH BEIDER SYSTEME .... - 44 -
2.4   WIE WIRD MAN MARKTFÜHRER? .... - 48 -

3   WER UND WARUM   - 53 -

3.1   WER IST MEINE ZIELGRUPPE? .... - 53 -
3.2   WARUM KAUFT DIE ZIELGRUPPE DIE WARENGRUPPE? .... - 60 -
3.3   ZUSATZ-NUTZEN BILDEN TEIL-MÄRKTE .... - 72 -
3.4   WIE ENTSCHLÜSSELT MAN WER UND WARUM QUALITATIV? .... - 82 -
3.5   WIE ENTSCHLÜSSELT MAN WER UND WARUM QUANTITATIV? ..... - 93 -

4	KONZEPT-ENTWICKLUNG	- 107 -
4.1	WOZU BRAUCHEN WIR MARKEN?	- 107 -
4.2	WAS SIND DIE BESTANDTEILE EINES POSITIONINGS?	- 115 -
4.3	WAS IST BEIM POSITIONING ZU BEACHTEN?	- 126 -
4.4	SIND NUTZEN-MARKEN ERFOLGREICHER ALS PRODUKT-MARKEN?	- 132 -

5	KONZEPT-UMSETZUNG	- 141 -
5.1	VOM KONZEPT ZUR UMSETZUNG	- 141 -
5.2	WIE HILFT MARKETING DER PRODUKT-ENTWICKLUNG?	- 145 -
5.3	WAS SOLLTE MAN BEI DER KOMMUNIKATION BEACHTEN?	- 148 -
5.4	WAS BEWIRKEN EMOTIONEN IM GEHIRN?	- 159 -

6	VERWENDER-IMAGES UND TYPOLOGIEN	- 165 -
6.1	WARUM WERDEN VERWENDER-IMAGES WICHTIGER?	- 165 -
6.2	WELCHE VORTEILE HABEN TYPOLOGIEN?	- 177 -
6.3	WIE VIELE TEILMÄRKTE STECKEN IM MARKT?	- 184 -

7	WAS SIE ALS CEO TUN SOLLTEN	- 189 -
7.1	UNTERNEHMERTUM UND STRATEGISCHES MARKETING	- 189 -
7.2	ÜBERLEGUNGEN ZU GELD UND ZEIT	- 195 -
7.3	SYSTEM-CHECK IM STRATEGISCHEN MARKETING	- 199 -

Abbildungsverzeichnis:

Abbildung 1: Preis-Spreizung am Beispiel von Tafelschokolade ....- 29 -
Abbildung 2: Preis-Spreizung in verschiedenen Warengruppen...........- 30 -
Abbildung 3: Evolutions-Marketing durch Trial & Error......................- 35 -
Abbildung 4: Wer und Warum im Mittelpunkt ....- 41 -
Abbildung 5: Ursache-Wirkungs-Kette..- 44 -
Abbildung 6: Strategisches und operatives Marketing ....- 45 -
Abbildung 7: Konventionelles Marketing nach Trial & Error................- 46 -
Abbildung 8: MarkenMonopol-Konzept...- 47 -
Abbildung 9: Pareto-Prinzip im Marketing...- 55 -
Abbildung 10: Heavy User sind die wichtigste Zielgruppe ....- 56 -
Abbildung 11: Vermutete Qualitäts-Unterschiede in Warengruppen ....- 58 -
Abbildung 12: Einfaches Konzept – riesiger Erfolg..............................- 66 -
Abbildung 13: Cremissimo – Marktführer in 3 Jahren ....- 66 -
Abbildung 14: Rexona hat den Grundnutzen für sich besetzt.............- 70 -
Abbildung 15: Rollenverständnis im Alltag ....- 73 -
Abbildung 16: Wie Teilmärkte entstehen ....- 75 -
Abbildung 17: AXE – Nutzen statt Produkt vermarktet.......................- 78 -
Abbildung 18: Kommunikations-Schwierigkeiten ....- 86 -
Abbildung 19: Vorteile Psychodrama vs. direkte Befragung................- 87 -
Abbildung 20: Motivations-Bündelung durch Faktoren-Analyse ....- 95 -
Abbildung 21: Real- und Ideal-Motivschlüssel ergeben GAP ....- 97 -
Abbildung 22: Teilmärkte mit verschiedenen Motivschlüsseln ....- 98 -
Abbildung 23: Verteilung auf Teilmärkte in Prozent...........................- 100 -
Abbildung 24: Fallstudie Wrigley's Extra..- 104 -
Abbildung 25: Marken markieren Kernkompetenzen...........................- 112 -
Abbildung 26: Marken-Konzept am Beispiel MarkenMonopole...........- 117 -
Abbildung 27: Karstadt – zurück zur alten Stärke ....- 131 -
Abbildung 28: Fallstudie Landliebe ....- 139 -
Abbildung 29: Preis-Schwellen-Analyse ....- 152 -
Abbildung 30: Wirkungs-Test statt Werbemittel-Test ....- 155 -
Abbildung 31: Iglo 4 Sterne – das Restaurant für zu Hause ....- 157 -
Abbildung 32: Vermutete Qualitäts-Unterschiede sinken rapide ....- 166 -
Abbildung 33: Levi's mit starkem Image ....- 170 -
Abbildung 34: Quelle soll up to date werden.....................................- 172 -
Abbildung 35: Psychologie statt Soziodemographie ....- 178 -
Abbildung 36: Typologie BrainCluster (Dreier und Sechser-Lösung) ....- 180 -
Abbildung 37: BrainCluster präferieren verschiedene Sendeformate ..- 181 -
Abbildung 38: BrainCluster bevorzugen verschiedene Marken ....- 182 -
Abbildung 39: Ausgangs-Hypothese: BrainCluster plus Value ....- 185 -

Fallstudienverzeichnis:

Grundnutzen:

Kundenbeispiel	1:	**Langnese Cremissimo**	- 63 -
Kundenbeispiel	2:	**Jever**	- 69 -
Kundenbeispiel	3:	**Rexona 24h**	- 71 -

Zusatznutzen:

Kundenbeispiel	4:	**Axe**	- 79 -
Kundenbeispiel	5:	**Jules Mumm**	- 90 -
Kundenbeispiel	6:	**Wrigley's Extra**	- 102 -

Kommunikation:

Kundenbeispiel	7:	**Karstadt**	- 129 -
Kundenbeispiel	8:	**Landliebe**	- 137 -
Kundenbeispiel	9:	**Iglo 4 Sterne**	- 156 -

Image:

Kundenbeispiel	10:	**Levi's**	- 168 -
Kundenbeispiel	11:	**Quelle**	- 173 -

Management Summary:

Kapitel 1: Was Sie über Marketing wissen müssen

Wir liefern den notwendigen Marketing-Hintergrund und erklären auf verständliche Art, warum Ihre Firma ein Endverbraucher-Konzept benötigt, um eine Marke erfolgreich zu führen. Und warum Marketing eigentlich ganz einfach ist: Ihre Marke muss bloß immer auf dem ersten Platz der Kaufbevorzugung sein ...

Kapitel 2: Reduzierung der Floprate

Leider gelingt dies nicht immer. Im Gegenteil: Seit Jahrzehnten liegt die Floprate bei über 80 Prozent. Die Gründe dafür sind vielfältig, aber der wichtigste ist, dass im traditionellen Marketing meistens nach dem Trial & Error-Verfahren vorgegangen wird.

Die Erfolgsrate kann aber deutlich gesteigert werden, wenn man versteht, WER Ihre Kunden sind und WARUM diese Ihr Angebot kaufen und nicht das der Wettbewerber. Es geht also darum, die WER- und die WARUM-Frage richtig zu beantworten.

Kapitel 3: WER und WARUM

Im dritten Kapitel geht es um die WER- und WARUM-Frage. Zunächst muss geklärt werden, WER Ihre Verwender und damit Ihre Zielgruppe sind. Es geht darum, Nicht-Zielgruppen auszuschließen und sich auf die Heavy User zu konzentrieren - jene kleine Käufergruppe von ca. 20 Prozent, die etwa 80 Prozent des Umsatzes ausmachen.

Anschließend muss geklärt werden, WARUM diese Zielgruppen die Produkte kaufen. Ein Markenartikler ist am erfolgreichsten, wenn er genau das anbietet, was sich die Kunden am meisten wünschen. Denn die Wahrscheinlichkeit, dass der Kunde bei Ihnen kauft, ist am größten, wenn Sie seine Wünsche besser als jeder Konkurrent erfüllen. Zur Analyse der WARUM-Frage haben sich in der Praxis einige Methoden (Psychodrama, GAP etc.) bewährt, die wir inhaltlich kurz erklären.

Kapitel 4: Konzept-Entwicklung

Das Endverbraucher-Konzept (Positioning genannt) gibt die Antworten auf die Wer- und Warum-Fragen und ist von zentraler Bedeutung im Marketing. Das Positioning sagt aus, wofür die Marke steht und beschreibt wesentliche Teile der Markenstrategie und legt damit den Grundstein für den Markterfolg.

Kapitel 5: Konzept-Umsetzung

Dieses Kapitel gibt wichtige Hinweise zur Umsetzung der Marketing-Strategie durch Optimierung des Marketing-Mix, d.h. die konkrete Entwicklung von Produkt, Sortiment, Werbung, Preis-Festlegung etc. Vermutlich scheitern selbst gute Konzepte zu mehr als 50 Prozent, nur weil die Umsetzung nicht konsequent genug durchgesetzt wird.

Kapitel 6: Verwender-Images und Typologien

In Kapitel 6 geben wir unter anderem Antworten auf folgende Fragen: Warum werden Verwender-Images immer wichtiger? Welche Hilfe können gute Typologien bieten? Woran erkennt man hilfreiche Typologien? Können uns Typologien systematisch bei der Markt-Analyse und der Konzept-Entwicklung unterstützen?

Kapital 7: Was Sie als CEO tun sollten

Hier geben wir Ihnen basierend auf unseren Erfahrungen aus der Praxis konkrete Empfehlungen, wie Sie als CEO das strategische Marketing in Ihrer Firma voran treiben können. Wir zeigen Ihnen, welche Fehler häufig einen eigentlich machbaren Erfolg verhindern.

Dieses Buch dient letzten Endes dazu, das MarkenMonopol-Konzept zu erklären. Das MarkenMonopol-Konzept ist ein neues Denkmodell und ein systematisches Vorgehen im Marketing, mit dem man die Floprate deutlich senken kann. Wie man chronologisch vorgeht, um ein MarkenMonopol zu entwickeln, sehen Sie auf der nächsten Doppelseite.

MarkenMonopol-Konzept:

Das MarkenMonopol-Konzept wird auf diesen Seiten in 10 Schritten zusammengefasst und in diesem Buch ausführlich erklärt.

Bei konsequenter Anwendung des ganzheitlichen MarkenMonopol-Konzeptes wird systematisch eine dominante Marktposition erreicht, da es aus Kundensicht keine andere Marke gibt, die den persönlichen Wünschen und Idealvorstellungen besser entspricht. Mittelfristig werden wir mit diesem Vorgehen Marktanteile hinzugewinnen und eine erfolgreiche Marke etablieren: ein MarkenMonopol eben.

1. **Fokussierung auf relevante Zielgruppe:**
   Zunächst wird die relevante Zielgruppe von der Restgruppe sauber getrennt, um eine Verschmutzung der Informationen zu vermeiden. Das sind insbesondere Heavy User, die Qualitäts-Unterschiede vermuten.

2. **Sammlung von Motiv-Hypothesen:**
   Im Psychodrama werden die kaufrelevanten Motive für das Verwendungs-Verhalten und die Markenwahl erfasst. Es werden Hypothesen über die bewussten und unbewussten Kaufgründe, typische Situationen, Verwender-Images und Reason Whys gebildet.

3. **Ordnung der Motive:**
   Mittels der Faktoren-Analyse werden Anzahl und Relevanz der Motive einer Produkt-Kategorie messbar, sichtbar und immer wieder reproduzierbar.

4. **Messung von Status und Ideal:**
   Mit Hilfe einer quantitativen Studie wird bei jedem Einzelnen abgefragt, wie die Wunsch-Marke (Ideal) aussieht und wie die aktuelle Hauptmarke (Status) bewertet wird. Anhand eines grafisch darstellbaren Motiv-Schlüssels können die Ideal- und Status-Profile sichtbar gemacht werden.

5. **Analyse der Teilmärkte:**
   Bei der Gruppierung der Verwender mit ähnlichen Ideal-Profilen zerfällt der Gesamtmarkt in mehrere Teilmärkte. Jeder Teilmarkt hat eine Ideal-Marke mit einem spezifischen Ideal-Profil.

6. **Auswahl eines Teilmarktes:**
Die Teilmärkte lassen sich nach Größe sowie allen erfassten Kriterien (Usage, Marken, Soziodemo etc.) beschreiben. Basierend auf dieser Analyse wird der lukrativste Teilmarkt ausgewählt, der nun besetzt werden soll. Das Ideal dieses Teilmarktes stellt somit die Zielvorgabe dar.

7. **Ableitung der Optimierungen:**
Aus der Differenz (GAP) zwischen Teilmarkt-Ideal und Marken-Status ergibt sich der notwendige Optimierungs-Bedarf für das Marketing. Diese Differenz dient als Handlungsanweisung für das operative Marketing.

8. **Entwicklung der Positionierung:**
Aus allen bisherigen Analysen und der bestehenden Erfahrung wird ein Positioning auf den Grund- oder einen Zusatznutzen entwickelt. Dieses Positioning sollte leicht verständlich sein und dient als Grundlage für die Umsetzung des Marketing-Mix.

9. **Umsetzung des Marketing-Mix:**
Der gesamte Marketing-Mix wird konsequent auf das Ideal-Profil ausgerichtet. Je besser das Marken-Profil dem Ideal-Profil entspricht, umso stärker ist die Präferenz der Marke, weil keine bessere Alternative verfügbar ist. Im besten Fall sind Ideal- und Marken-Profil deckungsgleich.

10. **Überprüfung der Wirkung:**
Da trotz konkreter Zielsetzung sehr unterschiedliche Umsetzungen im Marketing-Mix möglich sind, sollte vor Einsatz im Markt in einem Wirkungs-Test geprüft werden, welche Alternative besonders wirksam ist. Durch Vorher-Nachher-Messung wird die Steigerung der Markenbevorzugung sichtbar und lässt sich auf einzelne Motive zurückführen.

Durch das systematische abarbeiten dieser 10 Schritte kann man die Floprate deutlich senken und erfolgreiche Marken etablieren.

Für die Dauer der Zubereitung dieses Rezepts vergessen Sie bitte vorübergehend (d.h. genau genommen bis Punkt 9) den Marketing-Mix der eigenen Marke sowie aller Wettbewerber und konzentrieren Sie sich ausschließlich auf die Bedürfnisse der Verwender!

> **Kapitel 1:**
> **Was ein CEO über Marketing wissen muss!**

1 WAS SIE ÜBER MARKETING WISSEN MÜSSEN

1.1 Warum sollten Sie dieses Buch lesen?

Kleine Anmerkung vorab: Die Einleitung ist insbesondere für jene Vorstände gedacht, die aus einem ganz anderen Bereich kommen und noch nicht näher mit dem Marketing in Berührung gekommen sind. Wenn Sie sich bereits gut mit Marketing auskennen, dann können Sie getrost ab Kapitel 2 weiter lesen.

Test: Haben Sie ein Problem?

Stellen Sie sich vor, Sie sind Vorstands-Vorsitzender einer Firma, die ihre Marken-Angebote an den Endverbraucher verkauft, und Sie haben einen neuen Mehrheits-Aktionär. Der fordert mittelfristig ein deutlich höheres Wachstum: 15 Prozent mehr Wachstum bei Umsatz und Rendite.

An welchen ein, zwei, drei Schrauben müssen Sie drehen, um das Ziel zu erreichen? Kosten senken, das ist klar. Aber wenn Sie bis auf die Knochen eingespart haben, stellt sich die alles entscheidende Frage: Warum sollen künftig MEHR VERBRAUCHER IHR ANGEBOT gegenüber den Wettbewerbs-Angeboten bevorzugen?

Wie, verflucht noch mal, kommen Sie an mehr Rendite?

Haben Sie klare Vorstellungen, was nun zu tun ist? Ja? Schön! Dann müssten Umsatz, Profit und Marktanteil ständig steigen. Wenn nicht, sollten Sie unbedingt dieses Buch lesen.

Denn wie man den Verbraucher dazu bringt, dass er in Zukunft mehr von Ihren Angebote KAUFEN WILL, das steht in diesem Buch.

Viel Spaß beim lesen!

Pragmatisch, leicht lesbar, operational

Sie werden schnell feststellen, dass dieses Buch sehr pragmatisch und fast umgangssprachlich geschrieben ist. Der einfache Grund: Wir möchten das Lesen des Buches so leicht und angenehm wie möglich gestalten. Als würde man einem Freund sein Wissen vermitteln ...

Wir schildern die Gedanken so knapp wie möglich, ohne lange Umschweife. Daher verzichten wir möglichst auf theoretische Modelle oder was man sonst so an der Uni lernt. Stattdessen versuchen wir zu schildern, was man normalerweise eben nicht an der Universität lernt und lehrt.

In diesem Buch lernen Sie, wie man einen Markenerfolg „erzwingt".

Nicht durch unser Oberguru-Geheimrezept, sondern indem wir logisch nachvollziehbare Schritte aufzeigen, die bei konsequenter Anwendung Ihre Erfolgschancen erheblich verbessern.

Vielleicht ist im Detail nicht alles überraschend neu, Tatsache ist jedoch, dass wir in der täglichen Praxis sehen, dass die notwendige Vorgehensweise häufig eben nicht praktiziert wird. Und so, vorsichtig ausgedrückt, viele, viele Chancen nicht genutzt werden.

Dementsprechend ist dieses Buch keine wissenschaftliche Arbeit über Marketing-Details und versucht nicht, den letzten Millimeter genau zu vermessen. Dieses Buch soll eher das Gegenteil bewirken und ein Gesamt-Verständnis für das Marketing vermitteln: Welche verhängnisvolle Rolle das operative Marketing und Ihre daran völlig unschuldige Marketing-Abteilung spielt und wie man durch strategisches Marketing wieder auf Erfolgskurs kommt.

Nachdem Sie dieses Buch gelesen haben, können Sie vielleicht noch nicht selbst eine völlig neue Marke entwickeln und erfolgreich im Markt platzieren, aber wir zeigen Ihnen, wie Sie Ihr Angebot drastisch besser vermarkten können. Künftig werden Sie selbst beurteilen können, ob in Ihrer Firma alle Marketing-Zutaten für einen Erfolg vorliegen. Und wenn nicht, was für den großen Erfolg noch fehlt.

Millionen Bücher, welches hilft direkt und konkret?

Es gibt hunderte Marketing-Bücher und -Modelle. Der in diesem Buch vorgestellte Ansatz ist in einem Punkt entscheidend anders: Er geht nicht mehr vom ewigen Wettkampf zwischen Ihnen und Ihrem Konkurrenten aus. Marketing ist kein Krieg der Marken! Dieses Missverständnis ist die Ursache vieler Misserfolge. Und das erklären wir nachvollziehbar.

Um diese Inhalte schnell und plakativ zu vermitteln, greifen wir auf vereinfachte Schwarz-Weiß-Beispiele zurück. Wenn Sie das Buch gelesen haben, stellen wir uns gerne jeder Diskussion. Aber bis heute hat keiner unserer Gesprächspartner das hier vorgestellte MarkenMonopol-Konzept widerlegen können. Und wir haben, wo immer wir es konsequent anwenden konnten, damit erstaunliche Erfolge im Markt erreicht.

Im Klartext: Es funktioniert.

Gebrauchsanweisung für Marketing-Interessierte

Die jahrzehntelange Forschungs-Erfahrung bei der Entwicklung besserer Marketing-Konzepte und bei der Umsetzung in faktische Angebote und emotionale Kommunikation haben zu einem überlegenen Rezept geführt. Dazu verwenden wir auch die sonst üblichen Marketing-Zutaten. Aber durch ein anderes Vorgehen backen wir statt einem Brot nun Kuchen oder sogar eine Torte. Durch eine andere Zusammensetzung und eine neue Reihenfolge kommt am Ende ein anderes, besseres Rezept heraus.

Die Zielsetzung ist, Ihnen ein Rezept an die Hand zu geben, vergleichbar mit einem Kochrezept. Eine Gebrauchsanweisung für das Marketing, mit der Sie als Unternehmensführer in der Praxis frühzeitig erkennen können, ob Sie über alle Zutaten für ein erfolgreiches Marketing-Konzept verfügen. Wir haben unser Rezept für ein MarkenMonopol ganz am Ende dieses Buches angefügt.

Denn mit einem guten Kochrezept kann man auch als Laie ein gesundes und wohlschmeckendes Gericht zaubern, wenn man die entscheidenden Regeln der Zubereitung kennt und einhält.

Buchempfehlungen

Unser Vorschlag: Bitten Sie doch Ihren Marketing-Spezialisten, Ihnen eine Buchempfehlung für einen schnellen Überblick über die wichtigsten Beurteilungs-Kriterien für erfolgreiches Marketing zu geben. Und eine nachvollziehbare Erklärung für die hohe Floprate. Und wie man diese sicher vermeiden kann ...

Ich kenne hunderte von Marketingbüchern: Aber kaum eines, das Ihnen eine knappe, praxisnahe Übersicht über Marketing gibt. (Schreiben Sie uns, sollten Sie eine andere Erfahrung machen.) Überall das gleiche Problem: Zu viele Infos. Zu wenig Erkenntnis.

Keine in der täglichen Praxis brauchbare Handlungs-Anweisung mit der gewünschten Konzentration auf das Wesentliche. Das bedeutet: Trotz tausender Marketingbücher scheint es keine praxisnahe „Zusammen-fassung" für Unternehmensführer zu geben, die sich auf die wenigen, wirklich wichtigen Themen konzentriert und erklärt, was über Erfolg oder Flop im Markt entscheidet.

Ihnen als Vorstand soll dieses Buch als pragmatische Handlungshilfe für konkrete Marketing-Entscheidungen zur Verfügung stehen, um erfolgreiche Konzepte für Ihre Firma zu erkennen und Sie gleichzeitig vor häufig gemachten Fehlern zu warnen.

Deshalb konzentrieren wir uns nur auf ein Thema: Warum und wie es zu der extrem hohen Floprate von 80 Prozent im Marketing kommt. Und wie man diese Floprate drastisch senken kann.

CEOs kommen selten aus dem Marketing

Jede Aktiengesellschaft hat viele Vorstände. Dabei fällt auf, dass der CEO selten aus dem Marketing kommt und dementsprechend oft über wenig Marketing-Hintergrund verfügt. Es ist erstaunlich, wie viele Industrie- und Handelsunternehmen sogar glauben, ganz ohne Marketing-Vorstand auskommen zu können.

Schauen wir uns doch einmal ein paar Unternehmen an, die bei uns in der Nähe von Nürnberg sitzen. Puma und Adidas machen es vor. Immer mehr Unternehmens-Bereiche können outgesourced werden.

Insbesondere die Produktion wird immer öfter nach China verlagert oder es wird bei Herstellern aus der ganzen Welt eingekauft.

Aber wenige zentrale Kernbereiche des Unternehmens sollten eben nicht komplett von externen Firmen erledigt werden. Dazu zählen insbesondere das Management und das strategische Marketing. Warum? Weil diese beiden Bereiche zentral die Strategie des Unternehmens beeinflussen.

Sehen wir uns einige Marken aus dem Automobil-Bereich an. Da gibt es Marken, bei denen fast jeder das Marketing-Konzept nachvollziehen kann: zum Beispiel Audi, Porsche, BMW. Und viele Marken ohne eindeutig erkennbare Marketing-Strategie: Opel, Fiat, Ford, Seat, Nissan, Saab, Volvo, Mazda, Mitsubishi ...

Fällt Ihnen etwas auf? Die Unternehmen mit Marketing-Konzept waren in den letzten Jahren viel, viel erfolgreicher als die ohne erkennbares Konzept. Das erstaunliche: Bei fast allen Firmen gibt es eine extrem hohe Korrelation zwischen einem guten Marketing und dem Unternehmenserfolg.

Ein anderes Beispiel: Erst nachdem BMW, Porsche und Audi mit extrem guten Markt- und Marketing-Strategien aufwarteten und den Druck auf Mercedes erhöhten, wurde bei Daimler der Marketing-Bereich auf die gleiche Hierarchie-Ebene wie die Produktentwicklung und der Vertrieb gestellt. Aber ist das nur ein Problem für einige wenige Unbelehrbare? Bei weitem nicht.

Vielleicht überlegen Sie einmal kurz, ob Ihnen zu den folgenden Anbietern klare, eindeutige Konzepte einfallen. Konzepte, welche den einen Wettbewerber eindeutig und positiv von jedem Konkurrenten abgrenzen.

Zum Beispiel bei den Banken: Deutsche Bank vs. HypoVereinsbank vs. Commerzbank? Bei Versicherungen: Allianz vs. Talanx vs. Raiffeisen vs. DKV? Bei Urlaubs-Anbietern: TUI vs. Thomas Cook vs. Alltours? Bei Lebensmittel-Verbrauchermärkten: Rewe vs. Edeka vs. Marktkauf?

Können Sie wirklich mit jeder der Marken eindeutige, individuelle Eigenschaften verbinden? So dass Sie im Umkehrschluss aufgrund von ein, zwei typischen Eigenschaften die Marke mit hoher Wahrscheinlichkeit richtig zuordnen können?

Wahrscheinlich nicht.

Große Firmen, bekannte Marken, riesige Werbeausgaben, aber kaum eindeutige Aussagen, welche die Bevorzugung der Marke gegenüber den Wettbewerbern auslösen könnte.

Schade ums Geld. Und eine hohe Gefahr für die Marken!

Strategisches Marketing reduziert Risiken und spart damit Geld

Angewandtes „strategisches Marketing" kann gerade große Konzerne vor krassen Fehl-Entscheidungen bewahren. Und Millionen, ja Milliarden Euros sparen.

Konkretes Beispiel: Höchstwahrscheinlich ist der VW Phaeton technisch ein hervorragendes Auto, aber in dem Premium-Wettbewerbs-Umfeld ist er chancenlos. Besonders unter der Marke „Volks-Wagen": Aus guten Gründen verkauft Toyota seine Premium-Autos nicht unter Toyota, sondern unter Lexus. Und wie passt ein VW Phaeton in die Gesamtstrategie des Konzerns, wenn die als Premium positionierte Marke Audi mit dem A 8 schon auf das gleiche Potenzial zielt?

Offenbar herrscht in vielen Unternehmen noch die Meinung, dass es reicht, Produkte in einer guten Qualität herzustellen, um den Kunden für sich zu gewinnen. Und viele Lebensmittel-Ketten meinen, möglichst günstig einkaufen und zu Tiefstpreisen weiterverkaufen wäre schon ein eigenständiges Konzept.

Das Problem dabei: Inzwischen verfügen fast alle Wettbewerber über die gleichen Ressourcen und ähnliche Produktions-Prozesse. So entsteht nichts außer ruinösem Wettbewerb.

Strategisches Marketing ist Chefsache

Nun werden Sie vielleicht sagen: „Aber dafür habe ich doch meine Marketing-Abteilung, mit wirklich guten Leuten." Hoffentlich.

Helmut Maucher, Ex-CEO von Nestlé, hat sein Buch „Warum Marketing Chefsache ist" getitelt. Und Vance Packard, Gründer der Computerfirma Hewlett & Packard, schreibt: "Marketing is much too important for the marketing department."

Wir schließen uns diesen Aussagen im Wesentlichen an. Natürlich brauchen Sie als CEO kein Detailwissen im Marketing-Bereich zu haben. Aber wenn Sie der General auf dem Schlachtfeld Ihres Marktes sind, dann sollten Sie über diesen Bereich genug wissen, um beurteilen zu können, ob ihr Marketing funktioniert. Und wie es funktioniert. Oder funktionieren müsste.

Dieses Buch stattet Sie mit diesem zentralen, übergreifenden Marketing-Wissen aus. Dabei ist es egal, aus welchem Fachbereich Sie ursprünglich kommen. Als Unternehmer kommen Sie um das strategische Marketing nicht herum. Ein Unternehmen ohne strategisches Marketing zu führen, ist wie ein neues Haus ohne Architektur-Planung zu bauen.

Immer häufiger treffen wir auf Vorstands-Vorsitzende von großen Markenartiklern, Dienstleistern und Medienkonzernen, die aus dem Vertrieb oder Finanzbereich kommen. CEOs, die lediglich versuchen, durch gutes Management ihre Firma noch erfolgreicher zu machen. Aber gutes Managen, also die Organisation der einzelnen Fachbereiche alleine, reicht nicht mehr.

Was fehlt?

In vielen Unternehmen fehlt ein gemeinsames strategisches Ziel, auf das alle hinarbeiten.

„Bei uns ist alles anders"

Bei unseren ersten Klienten-Gesprächen bekommen wir fast immer das gleiche Argument zu hören: „In jenem Markt mag das ja alles so sein, aber in unserem Markt ist alles anders …" Wir haben inzwischen für mehr als 80 Warengruppen gearbeitet. Für Marken aus Lebensmittelhandel, Körperpflege, Mode. Für Zeitschriften und Fernsehsender. Für Einkaufsstätten und Versandhändler.

Wie ist das möglich? Jeder Markt hat doch seine eigenen Gesetze!?

Alle haben einen gemeinsamen Hauptnenner: Ihren Kunden - den Käufer.

Es geht darum sicherzustellen, dass die Kunden die eigenen Produkte oder Dienstleistungen gegenüber den Wettbewerbs-Angeboten bevorzugen. Diese Aussage gilt immer, egal, in welchem Markt Ihr Unternehmen tätig ist. Wie gesagt: Alle haben einen gemeinsamen Hauptnenner - den Verbraucher.

Unternehmen, egal aus welcher Branche, wollen Produkte oder Dienstleistungen an ihre Kunden verkaufen. Egal in welchem Markt Ihr Unternehmen tätig ist, eine Frage gilt es immer wieder zu lösen: Wie schaffe ich es, dass die Verbraucher MEINE Produkte kaufen? Und zwar lieber kaufen wollen als die der Konkurrenz??!

Die große Frage lautet also: Was genau löst den Kauf und die Bevorzugung gegenüber der Konkurrenz aus?

Und genau hier setzt das strategische Marketing an.

1.2   Wofür brauchen Sie strategisches Marketing?

Strategisches Marketing hilft gegen Flops

Mehr als 80 Prozent Floprate. Ja, im Ernst.

80 Prozent! Das ist die traurige Realität im Marketing.

Viele verschiedene Untersuchungen der Lebensmittel-Zeitung und anderer Quellen beweisen: Mehr als 80 Prozent der Neueinführungen erreichen innerhalb der ersten drei Jahre nicht einmal die Hälfte der geplanten Umsätze. Sie schreiben tiefrote Zahlen. Bei den Neueinführungen ist weder Break-even noch Pay-out in Sicht. Man wird sie irgendwann aus dem Markt zurückziehen müssen.

Es ist bewiesen, dass auch die meisten Marken-Relaunches in vergleichbarer Weise scheitern!

Unbestritten ist: Jahr für Jahr versuchen allein im Lebensmittelhandel mehr als 3.000 neue Artikel in die Regale zu kommen. Diese Zahlen sind relativ leicht anhand der Artikelnummern und des EAN-Strich-Codes nachweisbar, die für Logistik und Scannerkassen benötigt werden.

Klar ist: Der Handel hat keine Gummiregale, um das Sortiment beliebig zu erweitern. Deshalb führt diese enorme Zahl von Neueinführungen zu einem extrem harten Verdrängungs-Wettbewerb. Dabei handelt es sich nicht um ein spezielles Problem der Konsumgüter-Branche. Fast alle anderen Branchen haben mit vergleichbaren Problemen zu kämpfen.

Würden wir bei dieser „Erfolgs-Quote" von 20 Prozent statt vom Marketing von ärztlichen Operationen oder von einem Flugzeughersteller reden, wäre deren Ruf wohl schon längst ruiniert. Oder würden Sie in ein Flugzeug steigen, von dem Sie wissen, dass es mit einer Wahrscheinlichkeit von 20 Prozent ankommt?

Hier sind ein paar Fakten, die das Problem verdeutlichen:

- 93 Prozent aller neuen Produkte sind Flops! Und die meisten Relaunches scheitern!
- 84 Prozent aller Verkaufsförderungsaktionen kosten mehr als sie einbringen!
- 64 Prozent der Werbung für etablierte Marken hat keine Abverkaufswirkung!

Warum funktioniert das klassische Marketing nicht? Woran liegt es, dass es im Markt nach wie vor eine Floprate von 80 Prozent gibt?

Wir „feiern": 50 Jahre Floprate

Diese Floprate ist seit mehr als 50 Jahren bekannt. Umso erstaunlicher, dass diese Fragestellung nicht zum zentralen Dauerthema von Forschung, Universitäten oder Markenartiklern gehört.

Im Gegenteil: Seit Jahrzehnten wird diese enorme Floprate wie ein unabänderliches Naturgesetz behandelt, für das bisher kaum jemand eine nachvollziehbare Erklärung anbietet.

Schauen Sie mal in den Internet-Suchmaschinen oder suchen Sie in der Literatur. Durchforsten Sie die wissenschaftlichen Publikationen und schicken Sie uns die von Ihnen gefundenen Lösungen für die Floprate.

Erstaunlich. Denn wir reden über eine Multi-Milliarden-Dollar-Frage.

Dabei tritt das Problem natürlich nicht nur bei der Einführung neuer Angebote im Markt auf, hier wird es nur besonders deutlich sichtbar. Mit diesem Problem kämpfen die meisten im Markt befindlichen Marken: Mehr als die Hälfte aller Marken ringen mit Umsatzproblemen, sinkenden Renditen und bestenfalls stagnierenden Marktanteilen.

Viele Markenartikler erkennen Ihre Probleme viel zu spät, denn oft handelt es sich um einen langsam schleichenden Prozess, der zunächst nicht als Trend-Entwicklung wahrgenommen wird. Die Ursachen für diese Entwicklung sind meistens viel zu komplex, um sie auf einen einzigen, schnell diagnostizierbaren Grund zurückzuführen.

Verstärkt wird das Problem schwächelnder Marken durch die extrem arbeitsteiligen Firmen-Organisationen. Geradezu reflexhaft wird das Problem verniedlicht oder es führt zu Rechtfertigungen, die immer außerhalb des eigenen Verantwortungs-Bereichs liegen: das niedrigere Budget, die neuen Kampagnen des Wettbewerbers, der schwierige Handel, aktuelle Preisaktionen etc.

Wer ist nun in der Firma verantwortlich für das Angebots-Konzept?

Richtig! Die ursprüngliche Aufgabe des klassischen Unternehmers wurde in der Regel an die Marketing-Abteilung delegiert. Allerdings ohne diese mit einer entsprechend eindeutig formulierten Aufgabenstellung und der zur Durchführung notwendigen Durchsetzungs-Macht auszustatten.

Fazit:

Schon seit mehr als fünfzig Jahren funktioniert das klassische Marketing nicht so, wie es sollte! Böse formuliert: Bei 80 Prozent Floprate könnten

Sie auch eine Münze werfen – und schon haben Sie wenigstens eine 50:50-Chance.

Wenn Sie sich nicht mit 80 Prozent Floprate abfinden möchten, müssen Sie folgendes klären: Woran liegt es, dass es im Markt nach wie vor eine Floprate von 80 Prozent gibt? Und wieso gibt es trotzdem über Jahrzehnte erfolgreiche Supermarken, sogenannte MarkenMonopole?

Woher kommt die hohe Floprate?

Was macht den Unterschied zwischen Erfolg und Flop?

Es muss doch eine Systematik dahinter geben? Hier kommt unsere Erklärung:

In den meisten vorliegenden Marken-Konzepten (Positionings) ist ein Nutzen-Versprechen für den Käufer formuliert, das richtig und vollständig sein KANN. Bei fast allen Markenartiklern finden wir eine VERMUTETE Zuschreibung der Erfolgs-Kriterien.

Wenn wir bei neuen Klienten anfangen, finden wir häufig in der Historie der Marke MEHRERE unterschiedliche Positionings, zum Beispiel von früheren Marketingleitern. Diese Konzepte weichen inhaltlich oft erheblich voneinander ab oder beschreiben sogar völlig unterschiedliche Konzept-Richtungen von Bevorzugungs-Gründen.

Da hilft das folgende Gedanken-Experiment: Würden Sie mit ruhigem Gewissen Ihre Marke mit Ihrem aktuellen Positioning-Konzept heute noch einmal im Markt NEU einführen?

Häufig machen wir mit unseren Gesprächspartnern aus dem Vorstand das folgende kleine Spiel: Wir bitten sie, die zentralen Kernkompetenzen ihres Marken-Angebotes aufzulisten, die ihrer Meinung nach aus Verbrauchersicht den Kauf auslösen und zur Präferenz gegenüber ihren Wettbewerbern führen.

Fassen Sie das ganze Konzept der Endverbraucher-Kaufgründe in vier Eigenschaften zusammen: Wie zum Beispiel für H&M – jung, weiblich, modisch, preiswert. Anhand dieser vier Eigenschaften lässt sich H&M sicherlich gut von den wichtigsten Wettbewerbern abgrenzen und als Konzept-Schwerpunkt wiedererkennen.

Das Ergebnis eines solchen Versuches in der Geschäftsleitung zeigt häufig eine enorme Bandbreite an vermuteten Präferenz-Gründen. Oder hilflose generische Hilfskonstruktionen wie Qualität, Vertrauen, Tradition etc.

Das bedeutet: Nicht einmal die Führungsriege vieler Firmen hat eine einheitliche Vorstellung davon, was genau bei ihren Kunden zur Marken-Präferenz führt. Wenn die maßgeblichen Leute des eigenen Unternehmens es aber nicht wissen, ist es nur logisch, dass die Wahrnehmung beim Verbraucher noch viel diffuser ist.

Oder anders ausgedrückt:

Viele Firmen wissen nicht genau, warum sie in der Vergangenheit erfolgreich waren.

Jetzt werden Sie vermutlich spontan denken: Hört sich an wie eine eher akademische Diskussion. Hauptsache, die Marke ist im Markt erfolgreich.

Sekunde.

Zu Ende gedacht bedeutet das, dass man nicht genau weiß, aus welchen Gründen die Marke ihren bisherigen Erfolg im Markt erreicht hat. Damit wird es zum Vabanque-Spiel, eine solche Marke in einem sich ständig verändernden Verbraucher-Markt und Wettbewerbs-Umfeld erfolgreich weiter zu entwickeln.

Ohne Kenntnis der Erfolgsfaktoren bleibt nur eine Möglichkeit: Die Marke durch das Minenfeld des Marktes anhand von VERSUCH UND IRRTUM zu manövrieren!

Ein Gedanke, der mich als verantwortlichen CEO nicht mehr so ruhig schlafen lassen würde ...

Der erste Kunde ist der wichtigste

Wozu brauchen wir überhaupt Marketing?

Würden wir uns heute gemeinsam selbstständig machen, hätten wir nur ein zentrales Problem zu lösen: Warum sollte der ERSTE Kunde - und später alle weiteren - überhaupt unser Angebot kaufen und uns allen anderen Wettbewerbern vorziehen?

Was ist das Allerwichtigste bei einer neu zu gründenden Firma? Bevor ich die komplette Organisation einer Firma mit allen Strukturen und Prozessen ins Leben rufe, brauche ich eine GESCHÄFTSIDEE.

Erst wenn wir die Frage der Geschäftsidee geklärt haben, sollten wir uns um die anderen Themen wie Organisation der neuen Firma kümmern. Dieser Gedankengang ist der zentrale Ansatz des strategischen Marketings, und dieses Buches.

Fast jede neue Firma tritt in einen bereits heftig umkämpften Markt ein. Daher gehört zu einer Geschäftsidee auch der folgende wichtige Punkt: Wieso ist mein Angebot BESSER als das meiner Wettbewerber?

Wofür brauchen wir Marketing?

Eine Geschäftsidee ist nichts anderes als ein Konzept. Das Konzept beschreibt, wie man künftig Geld verdienen will. Um dieses Konzept für den Verbraucher zu „mark-ieren", sollte eine Marke etabliert werden.

Durch diese Markierung wird das Konzept als Marke besser vor dem Wettbewerber geschützt. Es lässt sich leichter abgrenzen und ist schneller wiederzuerkennen. Marketing ist dafür zuständig, solche Konzepte zu liefern und beim Kunden zu verankern.

Betriebswirtschaftlich ausgedrückt wird das Unternehmen schließlich nur gegründet, um über dieses Konzept Umsatz und Profit zu erwirtschaften.

Das Unternehmen versucht, die Wünsche des Kunden zu erfüllen. Das Marketing ist (unter anderem über die Marktforschung) der Unternehmensbereich, der den kaufenden Kunden am nächsten sein sollte. Daher sollte das Marketing für das gesamte Unternehmen klären, welche Wünsche die Kunden haben und wie diese wohl am besten durch ein Kunden-Angebot zu erfüllen sind.

Auf dieser Basis definiert das strategische Marketing die Daseinsberechtigung für das Unternehmen. Auch in einem bereits etablierten Unternehmen sollte das strategische Marketing diese wichtigen Unternehmensziele definieren, und das Unternehmen in diesem Sinne ausrichten.

Um es noch einmal ganz eindeutig auszudrücken: Ein wirklich kundenorientiertes Unternehmen richtet durch das strategische Marketing ALLE Fach-Abteilungen wie F&E, Produktion, Vertrieb etc. auf das Angebots-Konzept aus, damit der Kunde diese Angebote lieber kauft als die der Wettbewerber und dafür möglichst auch noch einen höheren Preis akzeptiert.

Was unterscheidet strategisches vom operativen Marketing?

Die Frage „Was ist Marketing?" könnten Sie aufgrund der vorherigen Absätze folgendermaßen beantworten: „Marketing definiert die Daseinsberechtigung des Unternehmens".

Bei Wikipedia (wie gesagt, dieses Buch soll nicht wissenschaftlich sein) findet man unter anderem folgende Definition für Marketing: „In einem umfassenden Sinne versteht man unter Marketing die marktorientierte Verwirklichung von Unternehmenszielen und die Ausrichtung des gesamten Unternehmens am Markt."

Bei Wikipedia steht aber auch: „Umgangssprachlich wird Marketing eingeschränkt auf werbliche oder verkäuferische Tätigkeiten."

Was ist der Unterschied zwischen den beiden Ansätzen?

Der wesentliche Unterschied: In der ersten Definition von Wikipedia ist das gesamte Spektrum des Marketings, also auch der strategische Part enthalten. Dagegen degradiert der zweite Ansatz das Marketing auf die operativen Tätigkeiten des täglichen Geschehens.

Häufig werden im Marketing Analogien aus dem Militär genutzt: Dabei entspricht das strategische Marketing dem Stab, der die Schlacht (zunächst theoretisch im Sandkasten) plant, während der operative Bereich die konkrete Umsetzung realisieren muss.

Diese Stabs-Funktion finden wir überall: Aus guten Gründen hat sich vor dem Bau eines Gebäudes durchgesetzt, Pläne durch einen Architekten zu entwickeln, bevor der Bauunternehmer mit seinen Handwerkern anrückt.

Dieses Buch kümmert sich im Wesentlichen - um in diesem Bild zu bleiben - um die Pläne des Architekten. Und um die noch wichtigere Frage davor: Warum baut der Bauherr und was genau bezweckt er eigentlich mit seinem neuen Gebäude? Was ist der Nutzen?

Schloss Neuschwanstein oder Plattenbau? Villa oder Bürogebäude?

Marketing ist angewandte Verhaltensforschung

Noch einmal zurück zu der Frage: Was ist Marketing? Wenn man Marketing nicht auf die rein verkäuferischen Tätigkeiten einschränkt, kann man Marketing vielleicht als einen Teil der Verhaltensforschung sehen. Vereinfacht ausgedrückt versucht Marketing, Einfluss auf das

Verhalten der Konsumenten zu nehmen. Der Kunde soll UNSER Angebot kaufen!

Um Einfluss auf das Kauf-Verhalten der Konsumenten nehmen zu können, muss ich aber vorher herausfinden, was genau der Verbraucher haben will. Und dazu muss ich wissen, WARUM er sich so verhält!

Aus unserer Sicht ist das Ziel von Marketing NICHT, den Konsumenten zu manipulieren. Er soll nicht etwas kaufen, was er gar nicht haben will. Das langfristige Ziel von Marketing muss sein, dem Verbraucher genau das anzubieten, was er möchte.

Idealerweise werden durch Marktforschung demnach Erkenntnisse über Bedürfnisse generiert. Diese werden im strategischen Marketing zu einem Marken-Konzept gebündelt. Anschließend wird bei der Umsetzung im Marketing-Mix das Konzept für den Kunden sichtbar gemacht.

Das ist Marketing.

Anders ausgedrückt: Ich frage erst den Verbraucher, was er gerne haben möchte und biete ihm anschließend genau das an.

1.3 Lohnt sich Marketing überhaupt?

Ein kleiner Rendite-Vergleich

Bevor Sie weiter Zeit für Marketing-Überlegungen verschwenden, sollten wir vielleicht noch eine wichtige Frage vorab klären: Lohnt sich Marketing überhaupt?

Ja.

Wie ist das Verhältnis zwischen Aufwand und Ertrag?

In den meisten Produkt-Kategorien erreichen die größten vier oder fünf Marken zusammengenommen deutlich über 50 Prozent Marktanteil.

Diese Marken geben in der Regel etwa 15 bis 20 Prozent des Umsatzes für das Marketing einschließlich Mass-Media aus.

Welcher Mehrwert steht dem gegenüber?

Schnell und bildhaft zeigt das eine Gegenüberstellung der Preise beliebiger Warengruppen aus einem Discounter und der Marktführer der jeweiligen klassischen Markenartikel.

Preisvergleich von Marken und Discountern

Bei allen klassischen Discountern wie Aldi erhalten Sie inzwischen NoName-Produkte in guter Konsum-Qualität mit einem hervorragenden Preis-Leistungs-Verhältnis: Tafelschokolade, Waschmittel, Kaffee, Shampoo und Deodorants, Nudeln, Eiscreme ...

Sie wissen es ja selbst.

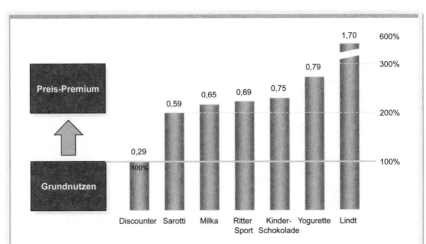

Abbildung 1: Preis-Spreizung am Beispiel von Tafelschokolade

Eine Hundert-Gramm-Tafel einer klassischen Marke wie Milka, Ritter und Lindt erlösen häufig mehr als hundert Prozent höhere Endverbraucher-Preise im Vergleich zu den Discount-Angeboten. Und erreichen in vielen Fällen trotzdem erheblich höhere Gesamt-Umsätze als die Angebote der Discounter.

Und nun sehen wir uns die Preis-Spreizung der wichtigsten Marken der jeweiligen Kategorie an. Beim Discounter kosten 100 Gramm Schokolade beispielsweise 30 Cent.

Wenn man ein gutes Konzept hat, wie es beispielsweise Schokoladenhersteller mit lila Verpackung oder quadratischen Tafeln vormachen, dann kann man locker das Doppelte für 100 Gramm verlangen.

Das Ergebnis: Die größten klassischen Markenartikler erreichen durchschnittlich Verkaufspreise, die zwischen einhundert und zweihundert Prozent über den niedrigsten Discountpreisen liegen. Über 100 Prozent Aufpreis!

Nehmen Sie das Beispiel Mineralwasser. Obwohl das Mineralwasser so aus dem Boden kommt und man es kaum noch weiter veredeln kann, ergeben sich hier Preisspreizungen zwischen einem Billig-Angebot und einer Edel-Marke wie S. Pellegrino bis zum Zehnfachen.

Wir sehen also, dass ein funktionierendes Marketing-Konzept in unterschiedlichsten Warengruppen mit weniger als 20 Prozent Aufwand über 100 Prozent Mehrwert erwirtschaften kann.

Das nennen wir eine gute Rendite.

Marketing lohnt sich also.

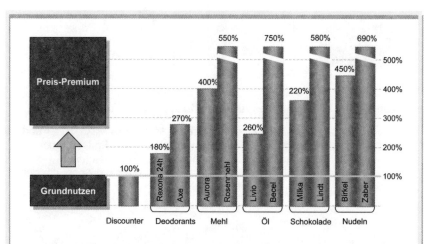

Abbildung 2: Preis-Spreizung in verschiedenen Warengruppen

Erheblich höhere Endverbraucher-Preise lassen sich in den unterschiedlichsten Warengruppen wie zum Beispiel Deo, Mehl, Speiseöl, Schokolade oder Nudeln nachweisen. Höhere Preise lassen sich häufig weniger aufgrund faktischer Produktunterschiede als durch emotionale Verbrauchernutzen rechtfertigen.

14 mal „gut" bei Stiftung Warentest

Aber wofür genau zahlen die Käufer von Markenartikeln? Für die faktische Qualität der Produkte?

Schauen wir einmal in die letzten Tests der Stiftung Warentest. Hier werden Produkte auf ihre physisch messbare Qualität hin beurteilt. Von 19 getesteten Zahncremes gab es 14 Mal gut und 5 Mal befriedigend. Bei einer deutlichen Preis-Bandbreite von mehr als dreihundert Prozent - umgerechnet auf 100 ml.

Unter den 14 guten Testurteilen tummeln sich genauso die Angebote von Aldi und Co wie auch namhafte Markenanbieter. Aber obwohl man die im Test geprüfte „gute Qualität" auch drastisch günstiger erwerben kann, greift die Mehrheit der Verbraucher zu den erheblich teureren Marken wie Odol, Colgate oder Blendax.

Sind alle Verbraucher verrückt geworden?

Warum bezahlen diese mehr als 100 Prozent Preisaufschlag für Markenartikel, wenn diese kaum besser getestet werden? Wenn nicht die faktische Produktebene das wichtigste Differenzierungs-Merkmal ist, was dann? Was ist das Geheimrezept für diese Markenbevorzugung?

Offenbar kaufen bei weitem nicht alle Kunden die günstigsten Angebote auf dem Markt. Obwohl die Verwender im Blindtest, also wenn Sie die Produkte ohne Kenntnis der angebotenen Marke vergleichen, bei vielen Warengruppen keine oder nur geringe Qualitäts-Unterschiede wahrnehmen.

Legendär ist natürlich das Beispiel von Coca Cola, die im Blindtest in den 80ern schlechter schmeckte als Pepsi. Wenn man den Geschmackstest aber wiederholt und die Probanden wissen, wann es sich um Coca Cola und wann um Pepsi handelt, dann schmeckt ihnen Coca Cola auf einmal viel besser.

Dieser Effekt ist auch bei vielen anderen Warengruppen nachweisbar. Beispielsweise können die meisten Verbraucher kaum den Unterschied zwischen den einzelnen Biermarken einer Bierart schmecken. Oder die von ihnen bevorzugte Marke im Blindtest wiedererkennen, obwohl viele Biertrinker steif und fest etwas anderes behaupten.

Selbst für mich fühlt sich Aral irgendwie immer ein bisschen wie besseres Benzin an, auch wenn ich genau weiß, dass das Benzin bei Shell,

Esso und den Jet- und Supol-Tankstellen die gleiche Oktanzahl usw. aufweist.

Das bedeutet: Neben der rein faktischen Produktebene scheinen emotionale Eindrücke einen starken Einfluss auf Marken-Präferenz und Preis-Akzeptanz zu haben. Und genau darum sollte sich Marketing im Fokus kümmern.

Es ist wie bei Ihrer Uhr. Vermutlich könnten Sie für höchstens zehn Euro durchaus eine Uhr kaufen, die ihnen die Zeit genau genug anzeigt. Wahrscheinlich kann eine preiswerte Digitaluhr aus Japan die Zeit sogar noch exakter anzeigen als es z.B. eine Rolex könnte.

Das bedeutet: Alles, was Sie über diese 10 Euro hinaus bezahlt haben, haben Sie vermutlich nicht für eine noch genauere Uhrzeit bezahlt. Die Uhrzeit wäre in diesem Fall der Grundnutzen.

Sie haben für ein Gefühl bezahlt.

Wahrscheinlich haben Sie sogar sehr viel mehr Geld als die besagten 10 Euro für Ihre Uhr und damit für dieses Gefühl bezahlt. Gern bezahlt.

Aber wie macht man ein Produkt zu einer erfolgreichen, faszinierenden Marke? Was muss man tun, um die eigene Marke dem Wettbewerber überlegen erscheinen zu lassen?

2 REDUZIERUNG DER FLOPRATE

2.1 Problem: Operatives Trial & Error-Marketing

Konventionelles Marketing folgt Trial & Error

1984 hatte ich endlich meinen ganzen Mut zusammen genommen und mich vierzigjährig mit Marktforschung und Marketing-Beratung selbstständig gemacht. Zwar hatte ich schon 15 Jahre Erfahrung in Werbeagenturen und im Markenartikel-Geschäft gesammelt, aber der Markt war hart.

Wir brauchten unbedingt Umsatz. Mehr Klienten, neue Klienten. Aber warum sollten die Kunden zu uns kommen? Was machten wir tatsächlich dramatisch besser? All die Jahre hatten wir das versucht, was alle Wettbewerber machen: Den Erfolg zu steigern, indem man die eigene Marke besser macht als den Wettbewerber. Der Markt war das Schlachtfeld. Und die eigene Marke sollte gegen den Wettbewerber siegen.

Irgendwie funktionierte Marketing wie die Natur: Darwins Ansatz des „Survival of the fittest!" (Übrigens schreibt Darwin sehr bewusst vom „Fittesten", dem Umfeld am besten Angepassten und nicht vom „Stärksten"!)

Aber was ist das Geheimnis des Erfolges? Wie wird man der Fitteste? Wie wird man besser als die Konkurrenz? Und was löst diese hohe Floprate aus? Wie kann man sicherstellen, dass man alle Fehler vermeidet und sicher einen Erfolg erreicht?

Kann man wirklich die Ursache der Floprate entdecken? Und mit diesem Wissen ein alternatives, besseres Marketing-System entwickeln, mit dem man neue Kunden überzeugen und gewinnen kann? Schließlich haben sich viele intelligente Experten in Universitäten und der Wirtschaft darüber den Kopf zerbrochen.

Ich starrte auf die Marken und begriff plötzlich, dass selbst das Vermeiden aller Fehler noch nicht zwingend zum Erfolg führt. Dass die Optimierung der Marke, bessere Werbung, besseres Produkt, besseres Packungsdesign immer nur im relativen Vergleich zum Wettbewerb besser ist, weil genau genommen überhaupt kein Endziel für die Marke selbst definiert war.

Problem: Die Marke steht im Mittelpunkt

Die Marke (mit ihrem Marketing-Mix) steht im Mittelpunkt. Und das Marketing versucht in der Regel, einen Wettbewerbsvorteil gegenüber der Konkurrenz zu erreichen.

In diesem konventionellen Ansatz wird Marketing als ein „Krieg der Marken" beschrieben. Al Ries und Jack Trout, zwei amerikanische Marketing-Gurus (die wir ansonsten sehr schätzen), haben das in ihrem Bestseller „Marketing-Warfare" sehr detailliert begründet.

Dies mag eine sehr populäre Ansicht sein, trotzdem ist sie schlichtweg falsch. Denn bei diesem Ansatz schaut man immer nur auf den Wettbewerber als wichtigsten Maßstab und versucht, die Konkurrenz zu übertreffen.

Der Grundablauf ist immer der gleiche (hier am Beispiel Werbung): Die Agentur wird gebrieft, präsentiert drei, vier Alternativen. Das Marketing trifft eine Auswahl und setzt die Kampagne ein, bis man der Meinung ist, dass diese an Wirksamkeit verliert oder man eine noch bessere entwickeln könnte.

So werden ständig die einzelnen Marketing-Mixteile weiter optimiert. Nach dem bekannten Prinzip: Survival of the fittest. Durch die Schaffung immer neuer Alternativen und deren Selektion. Und es funktioniert tatsächlich. Genauso wie die Evolution.

Was ist dann das Problem?

Es ist eben nur ein Trial & Error-System!

Primitives Vorgehen nach Versuch und Irrtum.

Probleme von Trial & Error

Trial & Error benötigt einen enormen Aufwand an Zeit und Ressourcen. Und hat eine Floprate von über 80 Prozent. Ein solches Evolutions-Marketing funktioniert, aber extrem langsam und mit hohem Aufwand.

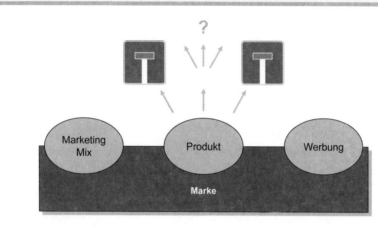

Abbildung 3: Evolutions-Marketing durch Trial & Error

Konventionelles Marketing versucht durch Optimierung einzelner Marke-ting-Mixteile wie Produkt, Werbung, Packdesign den entscheidenden Wettbewerbs-Vorteil gegenüber der Wettbewerbs-Marke zu erreichen. Grundprinzip des Ansatzes: Krieg der Marken durch „Survival of the fittest".

Viele der heute großen Marken sind über die letzten 100 Jahre nach dem Evolutions-Prinzip zum Marktführer geworden. Allerdings gibt es ungleich mehr Marken, die bei dieser Evolution auf der Strecke geblieben sind. Unsere Frage lautet, ob und wie man innerhalb eines Jahres statt in 100 Jahren eine Marke erfolgreich machen kann.

Lassen Sie uns ein Evolutions-Beispiel aus der Biologie geben: Ein normales Spatzen-Pärchen hat in seinem Leben etwa 30 bis 40 Nach-kommen. Davon überleben im Durchschnitt die zwei am besten Angepassten, um die Art zu erhalten. Das entspricht einer Floprate von weit über 80 Prozent.

Evolution funktioniert.

Schließlich hat es von Ihren Vorfahren eine direkte, ununterbrochene Linie bis zum Beginn des Lebens gegeben, sonst könnten Sie diese Zeilen gar nicht lesen. Sie würden zu den ausgestorbenen Linien gehören wie die Dinosaurier.

Aber was genau ist dann das Problem von Trial & Error?

Wäre Ihr Marketing-Leiter ehrlich, müsste er zu Ihnen sagen: „Lieber Vorstand, gib mir mal ganz viel Zeit und ganz viel Geld, dann versuche ich es etwa zehn Mal. Und die Chancen stehen nicht schlecht, dass dann auch ein Erfolg dabei sein könnte." Nicht gut für die Karriere!

So ist zumindest schon einmal das Geheimnis der hohen Floprate nachvollziehbar erklärt.

Aber wo genau liegen die Defizite des Trial & Error-Systems?

Der gerade beschriebene Trial & Error-Ansatz kann zweierlei erklären: Im positiven Sinne wird deutlich, wie basierend auf dem Evolutions-Prinzip im Laufe der Jahrzehnte in den verschiedensten Bereichen und Produktkategorien erfolgreiche, starke Marken entstehen konnten und überlebt haben.

Häufig sind es wegen der technischen Entwicklung auch heute Marken, die aufgrund von überlegenen Produktvorteilen eine bessere Qualität angeboten haben: Mercedes, Gillette, Tempo, Pampers etc.

Aber oft genug gelang es dem ursprünglichen Erfinder oder der ersten Marke nicht, den Vorteil für sich selbst entsprechend zu nutzen und daraus einen langfristigen Erfolg zu machen. Deutschland hat viele wichtige Erfindungen gemacht wie Computer, Telefon, Fax oder MP3. Aber keine deutsche Firma ist der weltweite Marktführer für diese Innovationen.

Zu Beginn jeder neuen technischen Entwicklung versuchen zunächst hunderte von Wettbewerbern mit ähnlichen Produkten Kunden zu gewinnen. Alle Anbieter wollen von dem Goldrausch profitieren.

Kampf der Marken

So gab es in den USA um 1900 bereits 300 bis 400 Automobil-Hersteller. Heute dominieren etwa noch fünf Hersteller mehr als 70 Prozent des Marktes. Und diese Entwicklung ist in Deutschland, Europa und weltweit die gleiche.

In Deutschland waren vor 80 Jahren mehr als 300 Zigaretten-Marken im Wettbewerb. Heute teilen sich etwa fünf Konzerne mit weniger als zehn Marken mehr als zwei Drittel des Marktes.

Ursache dafür scheint im Wesentlichen zu sein, dass sich innerhalb von relativ kurzer Zeit die Produktqualität untereinander angleicht: Man lernt von den Konkurrenten und kopiert, was scheinbar den Erfolg ausmacht.

Gleichzeitig gelingt es einzelnen Wettbewerbern, aus den engen lokalen, regionalen und schließlich nationalen Märkten auszubrechen und durch Größendegression entscheidende Kostenvorteile zu generieren.

Damit werden die finanziellen Markt-Einstiegs-Barrieren mit der Zeit immer höher, der Abstand der Spitzengruppe zu den Verfolgern vergrößert sich. Der Wettbewerbsdruck zwischen vergleichbaren Angeboten zwingt einen zunehmend dazu, sich durch Spezialisierung voneinander abzugrenzen.

Entwicklung von Teilmärkten durch Zielgruppenansprache

Nachdem Ford das Automobil durch Fließband-Fertigung für die Masse erschwinglich gemacht hatte, ist General Motors von dem „ein Auto für alle"-Prinzip abgewichen und hat zielgruppenspezifischere Autos gebaut – mit Marken wie Buick, Cadillac, Chevrolet und Oldsmobil wurden jeweils verschiedene Zielgruppen mit unterschiedlichen Bedürfnissen angesprochen. Und General Motors hat durch diese differenzierte Marken-Palette den damaligen Marktführer Ford im Marktanteil überholt.

Erfolgreich wurden also zunehmend Marken, die eindeutige Eigenschaften hatten und damit Kernkompetenzen für spezielle Zielgruppen besetzen konnten. So steht Porsche für sportliche Alpha-Männer, Jeep stand für Off-Road etc.

Heute haben insbesondere die Marken ein Problem, die versuchen Massen-Märkte ohne eindeutige Spezialisierung und Kernkompetenz anzusprechen: Personenwagen für den durchschnittlichen Konsumenten. Das Problem: Kein individueller Verbraucher sieht sich selbst als Durchschnitts-Konsumenten. Dementsprechend schwierig ist die Lage für Seat, Ford oder Opel.

Und vor vergleichbaren Problemen sehen sich auch viele Hersteller von Bier, Zigaretten, Tiefkühlkost, oder Lebensmittel- bzw. Textil-Einzelhändler.

Die Einführung einer völlig neuen Marke im Markt bedeutet zunächst einmal enorme Risiken und Investitionen. Selbst die Fortführung einer im Markt befindlichen Marke, egal ob Auto- oder Getränkemarke, bedeutet jährliche Budgets im mehrstelligen Millionenbereich.

Und in einer solchen Situation wollen, sollen oder müssen Sie Ihre Marke mit dem oben geschilderten Trial & Error-Ansatz durch das Minenfeld führen?

Viel Glück! Das werden Sie brauchen.

Aber das kann doch nicht ernsthaft die Grundlage für Ihre Entscheidungen sein?

2.2 Lösung: Strategisches MarkenMonopol-Konzept

Gibt es eine bessere Alternative als Trial & Error?

Was Sie brauchen ist ein Vorgehen, das im Vorfeld – also vor der Einführung im Markt oder der Weiterentwicklung einer Marke – die Sicherheit gibt, dass die Maßnahmen später erfolgreich sind.

Jetzt wird die Marktforschung ihnen sagen: „Wir können die spätere Wirkung vor dem Markteinsatz testen." Das ist richtig, wenn man die richtigen Methoden anwendet, löst aber nicht unser Problem.

Denn realistisch betrachtet können Sie immer nur einige ausgewählte Alternativen testen. Und hoffen, dass eine bessere Lösung als die bisherige dabei ist. Aber Sie haben niemals die Gewissheit, dass der vorliegende Ansatz wirklich die beste aller möglichen, denkbaren Alternativen ist.

Vielleicht haben Sie sich schon einmal hingesetzt und versucht, ein Positioning-Konzept (Key Brand Benefit und Reason Why) für Ihre Marke zu schreiben. Selbst wenn Sie ein Konzept definiert haben: Woher wissen Sie dann ganz genau, dass dies das beste denkbare Konzept ist, das es aus Sicht Ihrer Kunden in dem aktuellen Wettbewerbsumfeld gibt?

Wir wetten, Sie können jede Menge Konzepte aus dem Stand aufschreiben, die alle mehr oder weniger richtig sein KÖNNTEN. Woher aber wissen Sie, ob es nicht noch einen anderen Nutzen gibt, der für Ihre Kunden wichtiger ist und ein größeres Umsatz-Potenzial birgt?

Meistens ist es so, dass man zwar Kaufgründe aufschreibt, aber viele davon gehen in die gleiche Richtung und sind sich relativ ähnlich. Woher wissen Sie, in wie viele Richtungen sich der Markt aus Verbrauchersicht aufteilt? Also in wie viele Teilmärkte der Markt zerfällt?

So erklärt sich, dass jeder neue Marketingleiter, jede neue Agentur Ihnen glaubhaft versichern kann, dass der bisherige Weg, gelinde gesagt, nur suboptimal war, dass man das alles besser machen kann und muss.

Sie stecken in einer Zwickmühle.

Ihnen fehlt ein vernünftiger, nachvollziehbarer Bewertungs-Maßstab für eine sichere, wiederholbare Erfolgs-Systematik.

Ihnen fehlt ein Modell, das auf einem nachvollziehbaren, messbaren Bewertungs-Maßstab basiert: unser MarkenMonopol-Konzept.

Ohne Ziel ist jeder Weg richtig

Aber woher bekommen wir einen vernünftigen Bewertungs-Maßstab? Wie lässt sich das Problem lösen?

Was fehlt?

Ein eindeutiges Ziel!

Es ist klar, dass keiner genau sagen kann, in welche Richtung sich die Evolution entwickeln wird. Wie sehen Pflanzen, Tiere und Menschen in einer Million Jahren aus?

Welche Entwicklung ist beim Menschen zu erwarten? Es ist gerade mal zweihundert Generationen her, dass die Schrift erfunden wurde. Vor etwa zehn Generationen steckten wir noch in den Anfängen der Industrialisierung.

Selbst einfache Versuche vor fünfzig Jahren, unsere Zukunft richtig vorherzusagen, lagen oft geradezu lächerlich daneben. Soll heißen: Eine vernünftige Zielsetzung im Sinne einer Zukunfts-Prognose lässt sich wohl kaum aufgrund einer Fortschreibung der Vergangenheit ableiten.

Das Problem: Wie in der biologischen Evolution fehlt auch im konventionellen Trial & Error-Marketing eine genaue, sprich messbare Ziel-Markierung. Und damit ein vernünftiger, nachvollziehbarer Bewertungs-Maßstab dafür, ob die entwickelten Alternativen wirklich hilfreich sind oder nicht.

Übrigens, mit dem gesuchten Ziel meinen wir nicht die Anforderungen, einen einzelnen Werbespot besser zu machen als den vorherigen oder als den der Wettbewerber. Mit dem Marketing-Ziel, das vielen Unternehmen fehlt, meinen wir die mittel- bis langfristig gültige inhaltliche und messbare Kernkompetenz einer Marke.

Woher bekommen wir eine nachvollziehbare Zielsetzung, die uns als Bewertungs-Maßstab für unsere Entscheidungen dienen kann?

Vielleicht muss man gar nicht so weit in die Zukunft schauen können?

Vielleicht reicht ein Wechsel der Perspektive. Statt die Marke und ihr Wettbewerbs-Umfeld stellen wir den VERBRAUCHER als Bewertungs-Maßstab in den Mittelpunkt. Dieser unscheinbare Schritt könnte allerdings einen Paradigmen-Wechsel verursachen.

Jede Lösung braucht ein Problem

Die Produkte und damit auch die Marken sind für den Verbraucher Problem-Lösungen.

Wenn das Angebot „lediglich" eine Problem-LÖSUNG ist, dann muss es auch ein PROBLEM geben. Denn eine Lösung ohne ein Problem macht keinen Sinn und hat keine Daseinsberechtigung.

Ein Verbraucher gibt sein hart verdientes Geld nur für etwas aus, das eines seiner Probleme löst oder reduziert. Das bedeutet aber auch, dass der Verbraucher ein Problem haben muss, das er mit den gekauften Angeboten gelöst haben will.

Wenn die Angebote, die wir verkaufen wollen, Problem-Lösungen für den Verbraucher sind, dann müssen wir als erstes und wichtigstes auch dessen Problem verstehen.

Als Problem werden die Needs-Strukturen, also die Wünsche und Bedürfnisse der einzelnen individuellen Verbraucher gesehen, auf welche das Produkt- oder Dienstleistungs-Angebot die passende Antwort sein soll. Das konkrete Angebot ist also quasi die Antwort auf das vom Verbraucher gefühlte Defizit.

Verstehen wir, welche Bedürfnisse eine bestimmte Zielgruppe im Markt hat, dann können wir unser Angebot optimal darauf ausrichten. Gelingt uns das, dann bieten wir für diese Zielgruppe die BESTE ALTERNATIVE im Markt an.

Während das traditionelle, operativ orientierte Marketing durch die Optimierung einzelner Marketing-Mixteile (Werbung, Produkt etc.) ständig versucht, einen Vorsprung gegenüber seinen Wettbewerbern zu erreichen, verfügen wir jetzt über einen nachvollziehbaren, langfristigen Bewertungs-Maßstab:

Die Bedürfnisse unserer Zielgruppe.

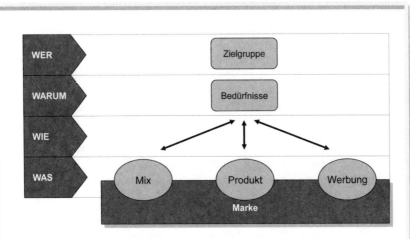

Abbildung 4: Wer und Warum im Mittelpunkt

Die Ursache-Wirkungs-Kette stellt statt der Marke die faktischen und emotionalen Bedürfnisse des Verbrauchers in den Mittelpunkt. Damit ist eine eindeutige Zielsetzung definiert, an der sich das Marken-Angebot im Sinne einer Problem-Lösung ausrichten muss.

Solange unsere Konkurrenten ihre eigene Marke und die Wettbewerber-Marken in den Mittelpunkt stellen und sich NICHT primär darum kümmern, WER Ihre Zielgruppe ist und WARUM diese Konsumenten ihre Angebote kaufen, machen sie klassisches Evolutions-Marketing mit den oben geschilderten Flop-Konsequenzen.

Marketing ohne den Fokus auf WER und WARUM ist wie Marketing ohne Sinn und Verstand!

Dagegen entsteht aus dem Zusammenhang zwischen Bedürfnis-Problem und Angebots-Lösung eine Ursache-Wirkungs-Kette.

Die emotionalen und faktischen Verbraucher-Bedürfnisse definieren also die Zielsetzung. Damit haben wir jetzt ein Ziel und den Maßstab, nach dem das konkrete faktische Angebot und die emotionale Kommunikation ausgerichtet werden müssen.

Die Zielsetzung ist die optimale, dominante Besetzung einer Produktkategorie oder eines Teilmarktes aus Verbrauchersicht.

Paradigmenwechsel: Bedürfnisse statt Marke

Stellt man die Bedürfnisse des Kunden (statt der Marke) in den Mittelpunkt und versteht, welche emotionalen Wünsche überhaupt den Kaufgrund ausmachen und wie der Kaufentscheidungs-Prozess abläuft, so bekommt man klare, eindeutige Zielsetzungen, in welche Richtung die Entwicklungen gesteuert werden sollen.

Die Konsequenz: Man kann anhand eines festen Ziels viel genauer die Entwicklung des Angebots und der notwendigen Kommunikation steuern, anstatt sich an einem ständig verändernden Wettbewerber zu orientieren.

Eine optimale Ausrichtung auf die Bedürfnisse eines Teilmarktes führen zwangsläufig zur Erhöhung der Marken-Präferenz. Denn wenn ich die Bedürfnisse der Kunden besser als alle anderen im Wettbewerbs-Umfeld bediene, dann werde ich zwangsläufig bevorzugt und am häufigsten gekauft. Und dadurch geradezu zwangsläufig Marktführer.

Es entsteht eine Ursache-Wirkungs-Kette: Vom Bedürfnis der Kunden bis hin zur Problem-Lösung durch unser Marken-Angebot.

Gelingt es, unser Angebot dem Kunden als beste erreichbare Alternative nachvollziehbar zu machen, so wird der Verbraucher dieses deutlich bevorzugen. Es sei denn, er wäre Masochist. Damit verfügen wir über ein allen Wettbewerbern überlegenes Angebot.

MarkenMonopole

Während unsere Konkurrenten klassisch-konventionell und kurzfristig Marketing-Mix-Optimierung am Maßstab des Wettbewerbs betreiben, richten wir unser Angebot langfristig anhand des strategischen Maßstabs der Befriedigung der Kundenbedürfnisse aus. Dadurch wird unsere

Marke diese Problem-Lösung für sich besetzen und wir werden Marktführer in diesem Teilmarkt.

Wir werden sozusagen ein MarkenMonopol in unserem Teilmarkt.

Verfolgt man konsequent die MarkenMonopol-Strategie, so wird der Kunde das Angebot mit einer eindeutigen, unverwechselbaren Kernkompetenz verbinden, die er an der Markierung immer wieder erkennt.

Gelingt eine solche Besetzung des Marken-Konzeptes in der Verbraucher-Wahrnehmung, so wird die Marke oft zum Gattungsbegriff. Der Produkt-Name wird Stellvertreter für eine ganze Produkt-Kategorie, wie z.B. Aspirin, Tempo, Coke, Walkman, Porsche, Tesa, Melitta Filter oder Rollerblade.

Der Marke ist es also gelungen, als dominanter Stellvertreter einer ganzen Produktkategorie wahrgenommen zu werden: Ein Marken-Monopol ist entstanden. Und die Geschichte zeigt, dass es einem MarkenMonopol häufig gelingt, eine solche dominante, eigenständige Besetzung über Jahrzehnte aufrechtzuerhalten und Nachahmer erfolgreich abzuwehren.

Ursache-Wirkungs-Kette

Mit dieser Ursache-Wirkungs-Kette haben wir eine vernünftige Struktur. Wir haben gelernt, nicht mehr die Marke und den Marketing-Mix in den Mittelpunkt zu stellen, sondern den Verbraucher. Dazu muss man aber zwei entscheidende Fragen beantworten:

1. WER ist unsere Zielgruppe?

2. WARUM kauft unsere Zielgruppe?

OK. Das klingt jetzt eigentlich recht einfach.

Und weil es so selbstverständlich klingt, behauptet fast jeder, der im Marketing arbeitet, genau das würde er die ganze Zeit schon machen. Genau so würde schon gearbeitet. Leider müssen wir in der täglichen Beratungs-Arbeit immer wieder feststellen: Das stimmt nicht.

Wir werden sehen, dass die WER- und WARUM-Frage zu beantworten viel schwieriger ist, als es im ersten Augenblick scheint. Aber von der präzisen Beantwortung dieser beiden Fragen hängt Ihr künftiger Erfolg ab. Also lassen Sie sich nicht blenden von Floskeln wie: „So oder so ähnlich haben wir das auch schon immer gemacht."

2.3 Direkter Vergleich beider Systeme

Zwei Wege zum Erfolg?

Es gibt also zwei Wege zum Marketing-Erfolg: Das traditionelle operative Trial & Error-Marketing und unser MarkenMonopol-Konzept, das bei den Verbraucher-Bedürfnissen ansetzt.

BEIDE Ansätze können zu erfolgreichen Marken führen, aber mit deutlich unterschiedlichem Aufwand und Erfolgs-Chancen.

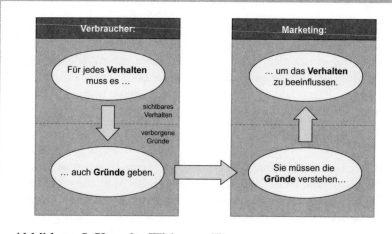

Abbildung 5: Ursache-Wirkungs-Kette

Die Ursache-Wirkungs-Kette geht von der Hypothese aus, dass jedes Verhalten durch (oft nicht bewusste) Motivationen ausgelöst wird. Deshalb ist es zwingend notwendig, die Wünsche und Bedürfnisse der Konsumenten nachvollziehen zu können, um Einfluss auf Verwendungs- und Kaufverhalten nehmen zu können.

Was haben wir in dem letzten Kapitel gelernt? Wenn die Hypothese richtig ist, gibt es zwei völlig unterschiedliche Möglichkeiten, im Marketing vorzugehen.

Entweder, Sie gehen nach Trial & Error vor oder Sie nutzen das bewährte MarkenMonopol-Konzept.

1. Konventionelles Evolutions-Marketing: Trial & Error

Die meisten heute erfolgreichen Marken wurden in der Vergangenheit so eingeführt: In der Regel hat ein Unternehmer mit viel Engagement, Intuition und Fachwissen ein Produkt auf den Markt gebracht – und es war im Vergleich zum Wettbewerb das bessere Angebot.

Basierend auf den Erfahrungen aus Versuch und Irrtum wurde es weiterentwickelt, bis es zumindest für einen Teil des Käufer-Potenzials mehr oder weniger unverzichtbar war. Viele große alte Marken lassen sich auf diese Grund-Mechanik zurückführen: Tempo, Quelle, Kellogg's, Nivea etc.

Was nicht mehr sichtbar ist:

Neben den wenigen großen alten Marken gibt es einen Riesen-Friedhof missglückter Marken-Versuche, die bei der Einführung oder auf Dauer im Markt gescheitert sind. Denken Sie nur an die vielen Marken aus dem Elektrobereich: Telefunken, AEG, Saba, Schaub-Lorenz, Grundig, Wega, Braun etc.

Abbildung 6: Strategisches und operatives Marketing

Strategisches Marketing fokussiert primär auf WER und WARUM, um daraus Zielgruppe und Angebots-Konzept im Sinne der Daseinsberechtigung des Unternehmens abzuleiten. Operatives Marketing konzentriert sich eher auf die faktische (Produkt/Sortiment) und emotionale (Kommunikation) Umsetzung des Marken-Konzeptes.

Aber der Markt heute funktioniert immer seltener auf diese Weise: Anders als früher werden die faktischen, qualitativen Produktunterschiede immer geringer. Der Grundnutzen des Produktes wird heute als Selbstverständlichkeit vorausgesetzt.

Die finanziellen Markteintritts-Barrieren sind durch nationale und internationale Märkte, die Konzentration des Handels und der Medien, sowie die hohen Standards der Produkte erheblich größer geworden. Die klassische Funktion des für das strategische Marketing zuständigen Unternehmers ist kaum noch zu finden.

Die enorme Floprate beweist, dass die meisten Firmen keine adäquate Antwort gefunden haben, wie das strategische Marketing durch eine nachvollziehbare und nachprüfbare Mechanik das Flop-Risiko auf ein wirtschaftlich vertretbares Niveau reduzieren kann.

Auf den folgenden Abbildungen sollen die Ansätze des konventionellen Marketings und des MarkenMonopol-Konzeptes gegenübergestellt werden.

Konventionelles Marketing: Marken-Optimierung	
Hypothese:	Marketing ist ein Krieg der Marken
Mittelpunkt:	Marke mit dem Marketing-Mix-Teilen
Zielsetzung:	Wettbewerbs-Vorsprung durch Optimierung
Umsetzung:	Bessere Alternativen des Marketing-Mix entwickeln
	Auswahl und Einsatz der besten Alternative
Systematik:	Trial & Error wie Evolution, 80 % Floprate
Nachteile:	Hoher Aufwand, unsystematisch, kein End-Ziel
Langfristbetrachtung:	Zick-Zack Entwicklung

Abbildung 7: Konventionelles Marketing nach Trial & Error

Konventionelles Evolutions-Marketing stellt die MARKE in den Mittelpunkt und erlebt Marketing als einen „Krieg der Marken"! Man versucht lediglich kurzfristig eine bessere Alternative zu finden, ohne ein langfristiges strategisches Ziel definiert zu haben. Dadurch folgt man einem Trial & Error-Ansatz und verursacht so die 80 prozentige Floprate.

2. MarkenMonopol-Konzept: Planbarer Erfolg, kaum Floprate!

Mit dem vorliegenden MarkenMonopol-Konzept lässt sich eine Mechanik aufzeigen, wie erfolgreiche Konzepte entwickelt und auf ihre Wirksamkeit geprüft werden können.

Gleichzeitig kann die bisher so hohe Floprate mit dem Trial & Error-System erklärt und mit dem MarkenMonopol-Konzept deutlich gemindert werden.

Eine solche Vorgehensweise setzt eine erhebliche Disziplin voraus und schränkt spontanes, unstrukturiertes Verhalten deutlich ein. Dafür verspricht ein solches „Rezept", die Floprate dramatisch zu senken und die Erfolgschancen erheblich zu erhöhen.

Der Nachteil des neuen Konzeptes: Ein solcher strategischer Marketing-Ansatz lässt sich nur unter der Schirmherrschaft des Unternehmens-Führers erfolgreich in den bestehenden Organisations-Strukturen durchsetzen.

MarkenMonopol-Konzept: Verbraucher-Problem-Lösung	
Hypothese:	Marken sind Problem-Lösungen
Mittelpunkt:	Verbraucher mit seinen Bedürfnissen
Zielsetzung:	Beste erreichbare Alternative für Verbraucher
Umsetzung:	Bedürfnis-Struktur von Verbrauchern verstehen - WARUM
	Marken faktisch und emotional auf Ideal-Profil ausrichten
Systematik:	Markt-Wirkungs-Modell folgt Problem-Lösungs-Systematik
Nachteil:	Diskriminiert konventionelles Vorgehen
Vorteil:	Gleicher Aufwand, aber systematisch, marktnahe Prognosen
Langfristbetrachtung:	Entwicklung von MarkenMonopolen

Abbildung 8: MarkenMonopol-Konzept

Zentraler Unterschied der beiden Systeme: Das MarkenMonopol-Konzept stellt die Kunden-Bedürfnisse in den Mittelpunkt und versucht, die beste Angebots-Alternative auf dem Markt anzubieten. Es handelt sich um einen ganzheitlichen und systematischen Ansatz, der in der Lage ist, die Ideal-Bedürfnisse zu messen und dadurch konkrete Zielvorgaben zu machen.

2.4 Wie wird man Marktführer?

Ziel: Erster Platz im Marken-Relevant-Set

Eigentlich ist die Marketing-Zielsetzung ganz einfach: Werden Sie die Nummer 1 !!

Alles, was Sie wollen: Ihre Marke soll immer bevorzugt gekauft werden, also das Angebot im Markt mit der höchsten Marken-Präferenz sein. Denn wenn eine Marke immer nur auf dem zweiten Platz der Bevorzugung steht, kann man daran verhungern.

Es geht also nur um das eine Ziel: Innerhalb des Marken-Relevant-Sets auf den 1. Platz zu kommen.

Einem Zigarettenhersteller müsste es also gelingen, seine Zielgruppe für sich zu gewinnen. Und zwar so, dass die Kunden möglichst immer nur zu seiner Marke greifen.

Großer Abstand

Hat man das geschafft, sollte man noch einen möglichst großen Abstand zum nächstfolgenden Wettbewerber erreichen. Gelingt das, dann hat man eine Alleinstellung erreicht: Ist der Zigarettenschacht meiner Marke im Automaten leer, geht man lieber meilenweit zum nächsten Automaten als einfach auf eine Wettbewerbsmarke auszuweichen.

Es stellt sich die Frage: Was macht ein Angebot so viel begehrenswerter als das der Konkurrenz? Was verursacht, dass das Angebot als nicht vergleichbar, nicht austauschbar wahrgenommen wird?

Wie löst man diese Faszination aus?

Nach dem üblichen, konventionellen Evolutions-Marketing würde man sich nun auf die Marke im Vergleich zum Wettbewerbs-Umfeld fokussieren, um herauszufinden, wie die Marke bei Produkt, Verpackung oder der Kommunikation besser und faszinierender als die Konkurrenz-Marken werden kann. Aber wenn man nicht einfach genau das Gegenteil des Wettbewerbers tun will, bekommt man so inhaltlich kaum hilfreiche Hinweise.

Wie gerade ausführlich geschildert, bietet das konventionelle Evolutions-Marketing keine eindeutige, sichere Zieldefinition im Sinne eines Bewertungs-Maßstabes, ob die angedachten Optimierungen wirklich das sind, was der Endverbraucher wünscht.

Durch Tests lässt sich bestenfalls klären, ob die neue Umsetzungs-Alternative besser ist als die bisherige Lösung. Aber ob sie gut genug ist, bleibt in Ermangelung einer Zieldefinition weiterhin unklar.

Kundenwünsche befriedigen

Der zentrale Ansatz des MarkenMonopol-Konzeptes liegt darin, dass die Angebote, die eine Firma verkaufen will, die Problem-Lösung für die bestehenden oder latenten Wünsche und Bedürfnisse der Verbraucher darstellen. Die Produkte müssen zu den Bedürfnissen passen, um diese zu erfüllen. So wie eine Antwort zur Frage passen muss.

Und das bedeutet, dass Sie sich um ihre Konkurrenten solange keine Sorgen machen müssen, wie es Ihnen gelingt, die Verbraucher besser als jeder Wettbewerber zu befriedigen.

Erreichen Sie das, so gibt es eigentlich keinen vernünftigen Grund, warum Ihr Angebot nicht auf den ersten Platz in der Marken-Bevorzugung kommen sollte.

Kaufgründe als Daseinsberechtigung der Firma

Kaufgründe sind die Ursachen für Marken-Präferenzen. Es geht dabei um die Daseinsberechtigung der Marke. Und damit um die Daseinsberechtigung des Unternehmens.

Die zentrale Frage an den Unternehmens-Führer ist: Können Sie nachvollziehen, dass diese Kaufgründe ALLE Handlungsweisen Ihrer Firma bestimmen müssen? Denn diese Verbraucher-Bedürfnisse sind die Voraussetzung und der Lebensnerv für den Erfolg der Marke. Und damit Ihrer Firma.

Nur mit dem Wissen über die Ursachen der Marken-Präferenz des Kunden lassen sich faktisch überlegene Produkt-Angebote und eine stimmige, emotionale Kommunikation entwickeln.

Wir reden also über die Daseinsberechtigung ihres Angebotes. Über die Basis des Erfolges Ihrer Firma.

Kein vernünftiger Unternehmensführer wird sich den Einfluss auf diesen Lebensnerv des Unternehmens aus der Hand nehmen lassen. Selbstverständlich muss man nicht alles selbst machen, aber diese lebenswichtigen Entscheidungen müssen Sie unter Kontrolle haben. Strategisches Marketing ist Chefsache!

Glauben Sie nichts, prüfen Sie alles! Und seien Sie extrem misstrauisch gegenüber allen komplizierten und theoretischen Modellen, die Sie nicht mit dem normalen Menschenverstand nachvollziehen können.

Die Wahrheit ist einfach.

Häufig genug ist die richtige Lösung scheinbar so banal, dass man versucht ist, nach einem komplizierteren Mechanismus zu suchen. Oder man nimmt sie genau wegen ihrer Einfachheit überhaupt nicht mehr wahr.

Kümmern Sie sich um die wesentlichen, entscheidenden Fragen:

- Zielgruppe: Wer?
- Kaufgrund: Warum?

Und wenn Sie diese beiden Fragen beantwortet haben, dann kümmern Sie sich um Folgendes:

- Produkt-Angebot: Was?
- Kommunikation: Wie?

Und genau darum geht es in den folgenden Kapiteln.

Wie man zum Positioning kommt

Nachfolgend werden die zwei wesentlichen Schlüsselkriterien nachvollziehbar erklärt, die über einen Marketing-Erfolg oder einen Flop entscheiden.

Der Produkt-Entwickler sagt, dass die Qualität des Produktes entscheidend ist. Die Agentur sagt, dass in gesättigten Märkten die Qualität der Werbung wichtiger ist als die Qualität der Produkte. Der Vertrieb dagegen sagt, dass es alles nur eine Frage der Distribution und des Preises ist. Viele glauben, dass die Lebensnerven des Marketings im Marketing-Mix liegen. Wir sagen, das ist alles richtig. Preis, Produkt, Placement und Promotion ist wichtig. Aber wer bestimmt die Zielvorgaben, wie diese Marketing-Mixteile ausgerichtet werden sollen?

Wir sagen: Der Käufer bestimmt.

Entweder Sie lassen Ihre Mitarbeiter alle handeln wie bisher, dann bekommen Sie Trial & Error. Oder Sie sagen: Wir brauchen die Produkteigenschaften und die Kommunikations-Dimensionen, die der Verbraucher will. Dazu müssen Sie Ihren Verbraucher aber kennen. Und wie das geht, zeigen wir Ihnen jetzt.

Die zwei Lebensnerven des Marketings und des Buches

Dieses Buch kümmert sich zentral um lediglich zwei Bereiche: Den Kunden als Käufer (Zielgruppe = WER) und die Gründe für sein Konsum- und Kaufverhalten (Motivation = WARUM). Weil sich daraus das Konzept entwickeln lässt, das anschließend mit der Marke markiert werden kann.

Folgt man diesem Denkansatz, dann entwickeln sich alle Marketing-Mixteile im Sinne einer Umsetzung fast zwangsläufig und folgerichtig. Das führt zu der verrückten Situation, dass hiermit wohl das erste Marketingbuch vorliegt, das kaum auf die Marketingmixteile wie Produkte, Sortimente, die notwendige Distribution und Kommunikation eingeht.

Obwohl es auch zu diesen Themen sicherlich viel zu sagen gibt, wurde es dem wichtigeren Fokus der WER und WARUM-Frage geopfert.

3   WER UND WARUM

3.1   WER ist meine Zielgruppe?

Ist Ihre Käuferreichweite 100 Prozent?

Vielen Leuten im Unternehmen ist vielleicht egal, wer die Zielgruppe ist. Hauptsache, jemand kauft die Produkte. Warum also nehmen wir die Zielgruppe so wichtig?

Dahinter steht die einfache Überlegung: Wo genau beginnt der Erfolg?

- Nicht beim Produkt.
- Nicht bei der Marke.
- Sondern beim kleinsten „Markt" der Welt.
- Beim ersten Kauf.
- Beim ersten Käufer.

Die richtige Zielgruppe zu treffen ist enorm wichtig: Denn bei vielen Warengruppen liegt die Käuferreichweite, also die Anzahl der Personen oder Haushalte, die die Produktkategorie mindestens einmal im Jahr kaufen, bei weit unter fünfzig Prozent.

Es gibt immer eine Zielgruppe

Viele sagen: Es gibt überhaupt keine Zielgruppe.

Die Behauptung, JEDER im Markt sei meine Zielgruppe, ist ziemlicher Unsinn. Kaum eine Produktkategorie wird von ALLEN gleichermaßen verwendet bzw. gekauft. Weil es kaum Warengruppen und schon gar keine Marken gibt, die 100 Prozent Käuferreichweite haben. Und für dieses unterschiedliche Verhalten muss es Gründe und Ursachen geben.

Bei jeder Markt-Betrachtung fällt auf, dass es fast immer Verwender und Nicht-Verwender der Warengruppe gibt. Die Frage ist also nicht: Gibt es eine Zielgruppe?

Die Frage muss vielmehr lauten: Wie kann ich die Zielgruppe sauber von der Nicht-Zielgruppe abgrenzen? Ist die Zielgruppe durch Beschreibung abgrenzbar? Und durch einfache Filterkriterien wieder auffindbar?

Light User sind als Umsatz-Potenzial wichtiger als Non-User

Die Frage nach der Zielgruppe ist auch deshalb so wichtig, weil wir klären müssen, woher unser zukünftiges Umsatz-Potenzial kommen soll. Und hier gibt es eine wichtige Grundregel: Egal in welcher Warengruppe man sich befindet, es ist immer einfacher, bei einem Verwender die Usage zu erhöhen, als einen Nicht-Verwender neu zur Verwendung zu überreden.

Bewiesenermaßen ist es sehr aufwendig, einen Nicht-Verwender zu einem Verwender zu machen. Möchten Sie ein Beispiel? Versuchen Sie einmal, mit normaler Werbung einen Nichtraucher zum Raucher zu machen ...

Deshalb konzentrieren Sie sich immer auf die bereits vorhandenen Verwender, obwohl das in den meisten Fällen die kleinere Teilgruppe im Markt ist.

Pareto-Prinzip

Aber welche Verwender sind besonders wichtig und interessant?

Betrachtet man die Häufigkeit der Produkt-Verwendungen, dann sieht man eine sehr kleine Gruppe von Verbrauchern, die besonders viel konsumieren: die Heavy User.

Die Gruppe der Heavy User sind (je nach Definition) ca. 20 Prozent aller Verwender und diese machen in der Regel 60 bis 80 Prozent des gesamten Konsums einer Warengruppe aus.

Diese 80:20-Relation können wir in fast jeder Warengruppe nachweisen – sogar bei Toilettenpapier. Das bedeutet, dass unter Umsatz-Gesichtspunkten eben nicht alle Kunden gleich wertvoll sind.

Diese 80:20-Regel hat der italienische Wirtschafts-Wissenschaftler Pareto schon vor mehr als hundert Jahren entdeckt. Ein Phänomen, das in fast allen Verteilungs-Bereichen sichtbar wird: Zum Beispiel im sozialen Bereich bei der Vermögensverteilung innerhalb der Bevölkerung. Und überall im Marketing: Bei Ihrer Kunden- und Umsatzstruktur und in Ihrer Gewinn- und Sortiment-Verteilung.

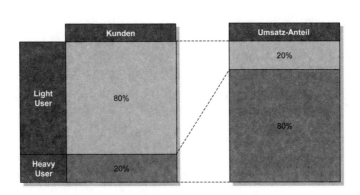

Abbildung 9: Pareto-Prinzip im Marketing

In der Regel machen ca. 20 Prozent der Verwender (Heavy User) in der Warengruppe etwa 80 Prozent des Umsatzes aus. Die Produkt-Angebote und die Werbe-Ansprache sollten sich auf dieses relativ kleine, aber besonders wichtige Potenzial fokussieren. Wichtig: Klären Sie die faktischen und emotionalen Ursachen und Gründe für das starke Verwendungs-Verhalten.

Einfach verblüffend!

Unserer Meinung nach kann die 80:20-Regel in unglaublich vielen Bereichen helfen, eindeutige und sinnvolle Prioritäten zu bilden. Das wirklich erstaunliche daran ist aber: Obwohl fast jeder an der Uni schon davon gehört hat, wird es in der täglichen Praxis kaum genutzt. Für uns im Marketing ist es von entscheidender Bedeutung: Es kann uns helfen, unsere begrenzten Ressourcen auf die wesentlichen Punkte zu konzentrieren.

Fokussieren Sie sich auf Heavy User

Ein Heavy User ist um ein vielfaches wertvoller – ca. dreißig Mal so wertvoll wie ein Light User. Nur diese zwanzig Prozent Heavy User sind wirklich lukrativ, der Rest nicht.

Demnach lässt sich nur ein sehr geringer Teil Ihrer Gesamt-Kundschaft als Top-Kunden werten. Diese wenigen lukrativen Kunden sorgen für 80 Prozent der Umsätze. Das heißt: 20 Prozent der Kunden generieren oft über 80 Prozent des Gewinns.

Deshalb versuchen Sie nicht, es allen Kunden recht zu machen und „Alles für Jeden" zu sein. Setzen Sie den Schwerpunkt bei den Heavy Usern, mit denen Sie etwa 80 Prozent der Umsätze machen. Vergessen Sie den Rest. Kümmern Sie sich um das Wesentliche.

In den meisten Warengruppen macht 1 Heavy User in etwa so viel Umsatz wie 5 Medium User oder 30 Light User.

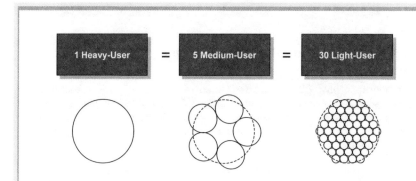

Abbildung 10: Heavy User sind die wichtigste Zielgruppe

Obwohl das Phänomen Heavy Usage bekannt ist, fokussiert kaum ein Markenartikler konsequent bei der Produkt-Entwicklung und Kommunikation auf diese Gruppe. Dabei liegt der Vorteil auf der Hand: Ein Heavy User ist etwa so wertvoll wie 30 Light User. Überprüfen Sie selbst: Wird bei Ihnen systematisch bei Auswertungen für Käufer, Sortiment, Umsatz und Rendite die 80:20-Regel analysiert?

Heavy User kennen sich besonders gut aus

Ein zweiter guter Grund, warum Heavy User so wichtig für Ihr Marketing sind: Heavy User kennen sich mit den verwendeten Produkten besonders gut aus. Daher filtern sie diese 20 Prozent der Verwender heraus und befragen diese zu den wichtigsten Themen.

Denn es muss ja gute, wichtige Gründe dafür geben, was einen Heavy User von einem Light User unterscheidet. Und diese zu kennen, kann Ihnen entscheidend zur Erhöhung der Verwendungs-Häufigkeit und damit zu höherem Umsatz verhelfen.

Lassen Sie uns über Briefmarken und Schmetterlinge reden. Davon haben Sie keine Ahnung? Macht nichts. Aber es gibt Sammler, die können ihnen die allerletzten Details und Feinheiten erklären.

In jeder Warengruppe gibt es also eine kleine Zielgruppe von Heavy Usern, die sich besonders gut auskennt. Beispiel: ca. 50 Prozent aller Haushalte kaufen mindestens einmal im Jahr Pommes Frites. Aber nur rund 20 Prozent dieser Käufer (also ca. zehn Prozent aller Haushalte) machen rund Dreiviertel aller Käufe aus.

Wenn Sie Interesse an Wein oder Käse haben und die Produkte täglich verwenden, werden Sie zwangsläufig im Laufe der Zeit viel deutlicher die Unterschiede und Feinheiten der Produkte in den Warengruppen wahrnehmen.

Sie werden vermutlich verschiedene Marken probieren und sich darüber eine Meinung bilden. So bilden sich langsam deutliche Präferenzen heraus: Dinge, die Sie ablehnen oder bevorzugen. Es bildet sich ein Verhaltensmuster heraus.

Und für diese Vielverwender-Gruppen ist ihr jeweiliger Themenbereich KEIN Low interest. Low interest ist es immer für die anderen Personen, die sich nicht für die jeweilige Warengruppe interessieren. Für mich z.B. Schmetterlinge und Briefmarken. Aber für die Sammler sind diese Themen so interessant, dass sie sogar Fachzeitschriften darüber lesen und gerne mit Gleichgesinnten stundenlang fachsimpeln.

Auf diese Weise entstehen abgrenzbare Zielgruppen, die für Ihr Geschäft von enormer Bedeutung sind. Und natürlich macht es Sinn, diese Gruppen auf auffällige Besonderheiten zu untersuchen: Sind die Käufer eher Frauen, in welchen Altersgruppen, mit welcher Schulbildung, haben sie Kinder, in welcher Lebensphase etc.??

Qualitätsvermutung hilft Zielgruppen einzugrenzen

Eine andere gute Möglichkeit, Zielgruppen abzugrenzen, ergibt sich über die Qualitäts-Vermutung bezüglich der Warengruppe.

Schon seit Jahren lassen wir bei Studien für die jeweilige Warengruppe wie zum Beispiel Eiscreme, Bier, Deodorants oder salzige Knabberartikel folgende Frage mitlaufen: „Wie groß, glauben Sie, sind die Qualitätsunterschiede bei Eiscreme in Familienpackungen?" und auf einer Fünfer-Skalierung von „keine bis sehr große Qualitätsunterschiede" bewerten.

Die Ergebnisse zeigen verblüffende Unterschiede: Während bei Salzstangen nur 13 Prozent die Topbox 5 „sehr große Qualitäts-Unterschiede" ankreuzen, sind das bei Kartoffelchips mehr als 50 Prozent.

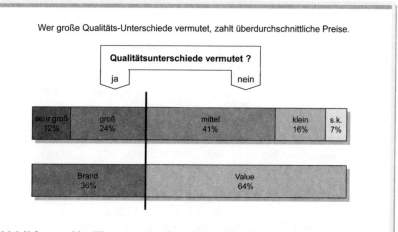

Abbildung 11: Vermutete Qualitäts-Unterschiede in Warengruppen

Attraktive Zielgruppen-Potenziale lassen sich über die vermuteten Qualitäts-Unterschiede innerhalb einer Warengruppe gut anfiltern. Logisch: Wer keine Qualitäts-Unterschiede vermutet, wird nach niedrigen Preisen suchen. Marken brauchen glaubhaft bessere Qualitäten, um überdurchschnittliche Preise zu rechtfertigen.

Was sagen uns diese Werte?

Verbraucher, die nur kleine oder gar keine Qualitäts-Unterschiede in der Warengruppe erwarten, sind in der Regel auch weniger bereit, überdurchschnittlich viel Geld auszugeben: Sie kaufen eher Discountmarken oder NoNames. Käufer, die große Qualitätsunterschiede erwarten, kaufen verstärkt klassische Markenartikel.

Filtert man nun die Verbraucher heraus, die bereit sind, für Marken mit besserer Qualität (und ihren eigenständigen Konzepten) mehr Geld zu zahlen, so erhalten wir offenbar in jeder Warengruppe eine Verwender-Gruppe, die für Markenkonzepte besser ansprechbar ist. Gleichzeitig haben wir dadurch den Reinheitsgrad und den zu erwartenden Informationsgehalt bei den verbliebenen Markenkäufern erhöht.

Die Erfahrung zeigt: In den meisten Produktkategorien sind in der Verbraucher-Gruppe mit der hohen Qualitäts-Vermutung überdurchschnittlich viele Heavy User enthalten. Eine weitere gute Möglichkeit, Zielgruppen mit überdurchschnittlich viel Produkt-Know how abzugrenzen und anzufiltern.

Es gibt keine multi-optionalen Verbraucher

Lassen Sie sich nicht verunsichern, zum Beispiel durch Begriffe wie den multioptionalen Verbraucher. Da wird behauptet, dass sich das Verhalten von Verbrauchern immerzu sprunghaft ändert: Heute beim Discounter, morgen im Delikatess-Geschäft. Heute Fast Food, morgen Gourmet-Restaurant. Heute Sekt, morgen Selters ...

Das Konsumenten-Verhalten ließe sich deshalb auf keinen Fall richtig prognostizieren. Verbraucher treffen heutzutage angeblich sprunghaft und unvorhersehbar ihre Entscheidungen.

Dummes Zeug!

Es mag sein, dass es heute etwas schwieriger ist, die Zielgruppe genau abzugrenzen, aber die Grundaussage bleibt die gleiche: Sie brauchen eine Zielgruppe. Selbst wenn vereinzelt multioptionale Verbraucher und „variety-seeker" herumlaufen, ändert das nichts an der Gesamtzielgruppe und der strategischen Markenausrichtung. Denn es kommt nicht auf die einzelnen Käufe an, sondern darauf wo der Verbraucher über ein ganzes Jahr gesehen sein Geld lässt.

Der Mensch ist ein Gewohnheitstier! In einem deutschen Verbraucher-markt werden durchschnittlich über 20.000 Artikel angeboten. Unter-suchungen zeigen, dass ein Haushalt innerhalb eines Jahres mit weniger als 200 Artikeln rund 70 Prozent seines Bedarfes deckt.

200 Artikel! Da sollte ihr Marken-Angebot dazugehören.

In einer Großstadt stehen Ihnen vermutlich insgesamt mehr als 500 Restaurants zur Verfügung. Wir würden hoch wetten, dass Sie im letzten Jahr in nicht mehr als zehn davon mehr als 80 Prozent ihrer Restaurant-Ausgaben gelassen haben.

Wie viele Zeitschriften-Titel liegen im Kiosk? Vermutlich weniger als zehn Titel vereinten im letzten Jahr die Masse Ihrer Ausgaben für diesen Bereich auf sich. Dies sind nur wenige Beispiele, die die Wichtigkeit von Verhaltens-Routinen und Heavy Usage verdeutlichen sollen.

Das Pareto-Prinzip lässt grüßen.

3.2 WARUM kauft die Zielgruppe die Warengruppe?

Wissen Sie, warum Ihre Kunden Ihre Warengruppe kaufen?

Im vorherigen Kapitel haben wir gesehen, wie wichtig es ist, seine Zielgruppe zu kennen: WELCHE Verbraucher kaufen Produkte aus meiner Warengruppe? Und welche nicht?

In diesem Kapitel wollen wir auf diesem Wissen aufbauen und heraus-finden, WARUM diese Kunden diese Warengruppe überhaupt kaufen. Es muss doch deutliche Unterschiede in der Motivation geben, die zu so stark unterschiedlichem Verhalten wie Verwendung und Nichtverwen-dung führen?

Und damit ist die WARUM-Frage die wichtigste Frage überhaupt für Ihr Unternehmen.

WARUM verwenden einige Konsumenten die Warengruppe? Und andere nicht?

WARUM bevorzugen einige Verbraucher ihre Marke? Andere die der Konkurrenz?

Dafür muss es Gründe geben. Und die müssen Sie kennen!

Den Motiven auf der Spur

Es ist wie beim Kriminalroman: Es geht um die Motive, die Gründe für das Verhalten. Will ich die nächsten Schritte eines Massenmörders vorhersagen, muss ich mich soweit in ihn hineinversetzen, dass ich verstehe, wie er tickt.

Es ist klar, dass es für unterschiedliches Konsumverhalten oder verschiedene Marken-Präferenzen Ursachen geben muss. Erst wenn man die Gründe für unterschiedliche Entscheidungen versteht, kann man die Angebote den Wünschen besser anpassen und hat dadurch einen entscheidenden Wettbewerbsvorteil.

Wir stoßen bei vielen Markenartiklern auf eine etwas absurde Situation: Fragen wir nach dem GRUNDNUTZEN der Kategorie, sehen uns die neuen Klienten mit Milliarden-Umsätzen in Bereichen wie z.B. Kaffee oder Körperpflege zunächst verständnislos an.

Warum kaufen Kunden im Versandhandel und nicht im stationären Handel? Warum essen die Kunden Tiefkühl-Pizza statt Pommes oder Suppe? Warum Eiscreme statt Pudding?

Dafür gibt es Gründe.

Was wir damit sagen möchten, ist klar. Für das Verhalten gibt es rationale und emotionale Gründe. Die müssen wir zumindest in dem Rahmen kennen, wie sie das Konsum-Verhalten und die Markenwahl beeinflussen.

Es geht nicht nur darum, WAS die Kunden kaufen. Es geht ums WARUM. Das ist es, was Sie in Wirklichkeit wissen müssen. Sie müssen sich die Frage des Konsumenten stellen: Warum sollte man als Kunde Ihr Angebot bevorzugen und kaufen?

Faktischer und emotionaler Grundnutzen

Den Nicht-Verwendern muss ein entsprechendes Bedürfnis oder eine Vorliebe fehlen, welches nur die Verwender haben. Und diese Differenz müsste ursächlich den Unterschied zwischen Verwendern und Nicht-Verwendern ausmachen. Raucher und Nichtraucher trennen. Deo-Verwender und -Nichtverwender trennen. Pommes frites-Verwender und Ablehner trennen.

Versuchen sie zu verstehen: Was unterscheidet ihre Verwendergruppe von den Nicht-Verwendern? Das ist der Grundnutzen ihres Geschäftes.

Stellen sie solange alle Überlegungen zu den Marken zurück, bis Sie den Grundnutzen ihres Geschäftes verstanden haben und bis sie das Verhalten der beiden Gruppen erklären können.

Jetzt sind sie bei einem Lebensnerv ihres Geschäftes.

Unterschiedliches Konsumverhalten bei der Produktkategorie (genauso wie verschiedene Marken-Präferenzen) muss Ursachen haben. Und erst wenn man die Ursachen unterschiedlicher Entscheidungen versteht, kann man die Angebote diesen Wünschen besser anpassen. Dies wird früher oder später den Umsatz erhöhen.

Warum kann es den Umsatz erhöhen, wenn man versteht, was der Grundnutzen einer Warengruppe ist? Bitte lesen Sie hierzu die Fallstudien von Cremissimo und Rexona. Hier haben wir aufgezeigt, wie man aus dem Nichts erfolgreiche Marken schaffen kann, die in kürzester Zeit zum Marktführer werden. Es dürfte jedem klar sein, dass das auch direkt mit dem Umsatz zusammenhängt.

Die Fallstudien in diesem Buch sollen veranschaulichen, wie man ganz systematisch einen Marken-Erfolg entwickeln kann. Durch unser ganzheitliches Markenverständnis der MarkenMonopole Entwicklungs GmbH und der ergänzenden MarkenMonopol-Forschung von K&A ist es möglich, systematisch die Floprate in eine Erfolgsrate umzudrehen.

Kundenbeispiel: Langnese Cremissimo

Ausgezeichnet mit dem Marken-Award 2003

Durch eine gezielte Repositionierung gelang es uns in nur drei Jahren, den Marktführer Mövenpick im Premium-Eis zu überholen. Ein ungewöhnlicher Erfolg, der den fünf früheren Versuchen mit Bouquet, Langnese Superbe, Maxim's, Carte D'Or und I'Cestelli zwanzig Jahre lang verwehrt geblieben war.

Das Erfolgsgeheimnis: Die EisCREME-Marke Langnese Cremissimo bietet jetzt das, was die Konsumenten wirklich wollen: CREMIGKEIT. Der in diesem Markt wichtigste Grundnutzen und Reason Why (Cremigkeit) für den Benefit (Genuss) wurde emotional und rational als einzigartiges Markenversprechen dominant besetzt.

Nach zwanzig Jahren eroberte Langnese mit der Marke Cremissimo die Spitzenposition im Segment Haushaltseis von Mövenpick zurück. Dieses Beispiel zeigt, dass es sich lohnt, die Schwächen des Wettbewerbs und die eigene Chance zur Differenzierung herauszuarbeiten.

Langnese-Iglo ließ nichts unversucht, um Mövenpick die Marktführerschaft in dem Premium-Segment streitig zu machen. 1980 wurde mit Langnese Superbe ein eigenes Premium-Eis eingeführt. 1982 kam Maxim's auf den Markt, 1989 folgte Carte D'Or, und später wurde zusätzlich I'Cestelli als Super-Premium-Eis angeboten.

Es gelang jedoch nicht, den Konkurrenten Mövenpick von seiner komfortablen Spitzenposition zu verdrängen. Erst im fünften Anlauf eroberte Langnese-Iglo die Spitzenposition zurück – mit Langnese Cremissimo.

Mitte der neunziger Jahre wurde Peer-Holger Stein damit beauftragt, folgende Kernfragen zu beantworten: Wie sieht der Verbraucher Carte D'Or (die damals aktuelle Marke) im weiterentwickelten Premium-Markt, insbesondere im Vergleich zu Mövenpick? Kann der Verbraucher sich einen rationalen und emotionalen Nutzen vorstellen, der für ihn ein wahrnehmbarer, kaufentscheidender Vorteil gegenüber Mövenpick wäre? Wie sollte eine Neupositionierung aussehen, die kaufrelevante Vorteile gegenüber Mövenpick bringt?

Aus einer reinen Beschreibung des wahrgenommenen Markenstatus in der Gegenwart kann man nur in begrenztem Umfang zukunftsorientierte Entscheidungen ableiten. Um die Marke dennoch systematisch zu höherem Umsatz und Ertrag zu führen, wurden zusätzlich die idealen Wünsche, Bedürfnisse und Erwartungen der Premium-Eiscreme-Verwender erfasst.

Gruppiert man Verbraucher mit ähnlichen Need-Strukturen und relevanten GAPs zusammen, so ergeben sich zukunftsorientierte Zielgruppen-Teilmärkte mit unterschiedlichen Anforderungs- profilen. Diese Anforderungsprofile definieren die Erfolgspositionierung im Markt. Insofern zeigt das Verfahren, in welche Zielrichtung die Positionierung einer bestehenden Marke erfolgreich weiterentwickelt werden sollte. Zudem wird vorhergesagt, welche Veränderung im Markt nach einer Durchführung der Re-Positionierung zu erwarten ist.

Die GAP-Studie geht dabei über die Statusbeschreibung hinaus, weil die Analyse sichtbar macht, wie die Marktposition einer Marke gezielt weiter optimiert werden kann.

Carte D'Or wurde überwiegend als me-too zum Goldstandard Mövenpick erlebt, ohne einen verbraucherrelevanten Vorteil zu besitzen. Eine Wahrnehmung als gleich gut reicht aber nicht aus, um die Konsumenten verstärkt zum Markenwechsel zu motivieren. Beide Marken wurden von den Konsumenten primär über faktische Produktmerkmale (Premium, Sorten) charakterisiert.

Wir konnten mit Psychodramen und der GAP-Analyse die relevanten emotionalen und faktischen Konsummotive und Hemmschwellen herausarbeiten. Cremigkeit als Konsistenz und ein sahniger Geschmack waren die primär gewünschten Eigenschaften, die bisher von keiner Premium-Eismarke dominant besetzt waren.

Die Analyse empfahl somit eindeutig eine eigenständig- überlegene Neupositionierung von Carte D'Or. Noch größere Chancen versprach allerdings die Einführung einer neuen Marke, um sich aus der me-too-Stellung zu Mövenpick zu befreien.

Langnese-Iglo stellte die emotionalen und faktischen Verbraucherwünsche bei der Vorbereitung der Produkt-Neueinführung in den Mittelpunkt, indem sie ihr Angebot und den Marketing-Mix gezielt darauf ausrichtete.

Es wurde eindeutig herausgearbeitet, dass die Cremigkeit der weitaus wichtigste Benefit ist. Bei der Namenswahl wurde die bereits emotional aufgeladene Marke Langnese mit dem Begriff Cremissimo kombiniert, um auf direkteste Art und Weise Cremigkeit und sahnigen Geschmack zu kommunizieren.

Die Cremigkeit als zentraler Benefit in der Produktszene wurde in der Werbung u.a. durch die leichtfällige Scoop-Szene transportiert.

1998 erfolgte der Launch von Langnese Cremissimo. In 2001 – also nach nur drei Jahren – erzielte Cremissimo die Marktführerschaft und konnte Mövenpick – nach zwanzig Jahren – von der Spitzenposition verdrängen. Schließlich wurde Langnese Cremissimo mit dem Marken-Award 2003 ausgezeichnet.

Fast 20 Jahre lang hatten sich zuvor zahlreiche Institute und Berater bei Langnese-Iglo die Türklinke in die Hand gegeben. Durch eine gezielte Repositionierung gelang es uns in nur drei Jahren, den Premiumeis-Marktführer Mövenpick zu überholen. Das Erfolgsgeheimnis: Der in diesem Markt weitaus wichtigste Benefit der Cremigkeit wurde emotional und rational als einzigartiges Markenversprechen dominant besetzt. Dieser Marken-Launch zählt zu den klarsten, schnellsten und erfolgreichsten Marken-Re-Positionierungen der 90er Jahre.

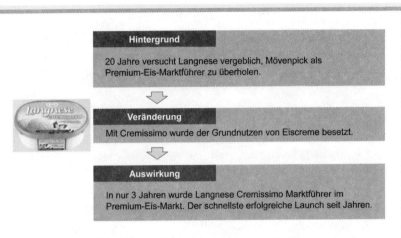

Abbildung 12: Einfaches Konzept – riesiger Erfolg

Mit einem Konzept, das den Grundnutzen von Eiscreme wieder in den Mittelpunkt stellte: CREMIGKEIT, die sich schon im Markennamen ausdrückt. Und einem Produkt, das hält, was der Name verspricht.

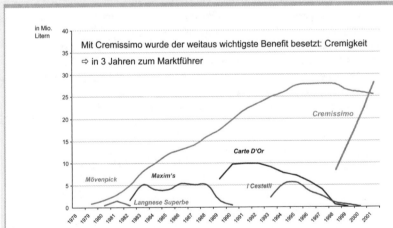

Abbildung 13: Cremissimo – Marktführer in 3 Jahren

Drei Anläufe und zwanzig Jahre brauchte Langnese, um den Marktführer Mövenpick zu schlagen. Mit Cremissimo dagegen gelang das fast Unmögliche innerhalb von nur 3 Jahren.

Rückwirkend ist alles ganz einfach

Rückwirkend sieht es ganz einfach aus, eine Marke wie Cremissimo zu entwickeln, die sich völlig auf den Grundnutzen von Eiscreme fokussiert: Schließlich ist die wichtigste Eigenschaft von EisCREME schon im Produktnamen enthalten. Was lag also näher, als ein besonders cremiges Eis zu machen. Wobei wir durch ein Psychodrama gelernt haben, dass Cremigkeit sowohl einen eher sahnigen Geschmack beschreibt, als auch eine eindeutige Konsistenz, quasi ein „mouth-feeling" definiert.

Nachdem einmal das Konzept definiert war, war die Richtigkeit des Markennamens Cremissimo leicht nachzuvollziehen. Auch die Richtung für die Produktentwicklung war einleuchtend: Eine Eiscreme, bei der man beim Portionieren nicht den Löffel abbricht, selbst wenn man die Packung gerade erst aus dem Tiefkühlfach holt.

Wenn Sie aber glauben, dass uns unser damaliger Klient um den Hals gefallen ist, muss ich Sie bitter enttäuschen. Den Bedenkenträgern in der Unternehmensführung schien das Konzept einfach zu banal, nachdem man viele erfolglose Einführungen hatte hinnehmen müssen. Innerhalb von drei Jahren wurde Cremissimo eindeutiger Marktführer und macht heute einen um mehr als die Hälfte höheren Umsatz als der Wettbewerber Mövenpick.

Gründe für Verhalten verstehen

Hat man die Motive durchschaut, lässt sich in vielen Fällen sogar künftiges Verhalten (zumindest überwiegend) richtig vorhersagen. Und damit wechseln wir von der passiven, erklärenden Rolle auf einmal in die aktive Rolle. In eine Position, die Verhalten AUSLÖSEN kann. Dadurch hat man einen entscheidenden Wettbewerbsvorteil.

Wollen wir künftiges Verhalten richtig vorhersagen oder gar Einfluss darauf nehmen, so müssen wir das Problem des Grundnutzens unbedingt lösen. Wenn man mehr Zigaretten einer Marke verkaufen will, muss man verstehen, warum bestimmte Verbraucher die eine oder andere Marke bevorzugen.

Viel grundsätzlicher als sich um die Marke zu kümmern, gilt es also zunächst einmal zu klären, warum manche Menschen zum Beispiel überhaupt rauchen und andere nicht.

Und diese Gründe müssen für den Raucher sehr, sehr wichtig sein. Warum zum Beispiel raucht jemand, obwohl es ekelhaft stinkt, extrem viel Geld kostet und noch dazu gesundheitsschädigend ist? Die Leute kaufen und rauchen, obwohl auf jeder Packung versprochen wird: Smoking kills!

Es muss eine Motivation geben, die in der Lage ist, alle diese negativen Gründe zu überstimmen. Und diese Gründe MUSS man verstehen, wenn man Zigaretten verkaufen will. Wir müssen also die faktischen (Nervengift: Droge Nikotin) und psychologischen (Erwachsenheit-Selbstständigkeit) Gründe begreifen, um die Marketing-Mechanik des Rauchens und der Präferenz zum Beispiel einer Marlboro Light zu verstehen.

Oder auch bei Bier ...

Und die Welt wird noch komplizierter: Biertrinker bevorzugen offensichtlich unterschiedliche Sub-Kategorien: Pils, Alt, Kölsch, Export, Weißbier etc. Warum? Was genau löst die jeweilige Bevorzugung aus?

Vergleichbares gilt für Süßwaren: Pralinen, Tafelschokolade, Riegel, Weingummis, Schokokekse usw. Warum? Was genau steuert das Verhalten?

Warum trinken manche Cola, gelbe Limo, Säfte, Mineralwasser? Die naheliegende Antwort „weil es mir schmeckt" bringt uns nicht sehr viel weiter.

Erst den Grundnutzen, dann den Zusatznutzen verstehen

Vielleicht ist Ihnen aufgefallen, dass wir uns die ganze Zeit bisher gar nicht um Marken gekümmert haben, sondern um die Gründe und Ursachen der Verwendung der Produktkategorie überhaupt. Aus gutem Grund: Wir sind der festen Überzeugung, dass diese vorgelagerte Fragestellung von entscheidender Bedeutung ist – und in der klassischen Marketing-Arbeit sehr oft sträflich vernachlässigt wird.

So selbstverständlich der Grundnutzen einer Warengruppe auch scheint, er muss bei jedem Angebot unabhängig von der abgrenzenden Marken-Positionierung berücksichtigt werden. Und zum Beispiel auch in der Kommunikation angesprochen werden. So wie zum Beispiel im Jever-Spot die Fall-Szene den Grundnutzen von Bier bedient: Der Grundnutzen von Bier ist eine Tranquilizer-Wirkung durch Alkohol und Hopfen.

Kundenbeispiel: Jever

Zweistellige Absatzsteigerung im rückläufigen Biermarkt mit dem „fallenden Jever-Mann"

Diese Schlüsselszene des „Fallen-Lassens" im Dünengänger-Werbespots kommuniziert den zentralen Kategorie-Nutzen von Bier: Entspannung. Peer-Holger Stein hat mit seinem Team bei Konzept & Analyse hierfür die Grundlagen herausgearbeitet und den Abverkaufserfolg im Werbe-Wirkungs-Pretest zuverlässig vorhergesagt. Das Resultat im Markt: zweistellige Absatzsteigerung in einem ansonsten rückläufigen Markt.

Bisherige Versuche, neue Spots ohne eine ähnliche Szene zu schalten, führten wiederholt zu deutlichen Absatzeinbußen. Die Nachfolgespots einer angesehenen Agentur arbeiteten deutlich weniger erfolgreich, da die relevante Schlüsselszene fehlte: die Szene des Relaxens.

Die Konsequenz im Markt: Die Jever-Umsätze begannen wieder zu sinken. In diesen Spots wurde der Kernnutzen der Kategorie vernachlässigt zugunsten nachgelagerter Benefits wie nordfriesischer Individualität und Geschmack. Inzwischen wird wieder mit dem mehr als zehn Jahre alten ursprünglichen Spot kommuniziert. Siehe dazu das Kapitel 5.3 „Warum sich emotionale Nutzen nicht abnutzen!"

Nur wenn die Marke einen emotionalen Wunsch, also ein Bedürfnis präzise trifft, wird Faszination und Begehrlichkeit ausgelöst. Das sind die Zutaten für einen durchschlagenden, langfristigen Erfolg.

Jever hat also den Grundnutzen sauber besetzt. Aber durch seine intellektuelle Zielgruppen-Ansprache eher eine etwas kleinere Teilzielgruppe angesprochen, denn Bier ist eher ein volkstümliches Getränk.

Positionierung auf Grundnutzen kann sich lohnen

Worum es uns geht, ist, darauf aufmerksam zu machen, dass es nicht nur wichtig ist, den Grundnutzen einer Kategorie zu kennen, sondern auch, dass er sich zur Positionierung eignet. Gelingt es einer Marke, nicht nur einen Teilmarkt zu besetzen, sondern den Grundnutzen selbst für sich zu pachten, so erreicht man zwingend die Masse der Käufer in einer Warengruppe und wird zwangsläufig eine große Marke.

So wie Cremissimo. Oder Rexona ...

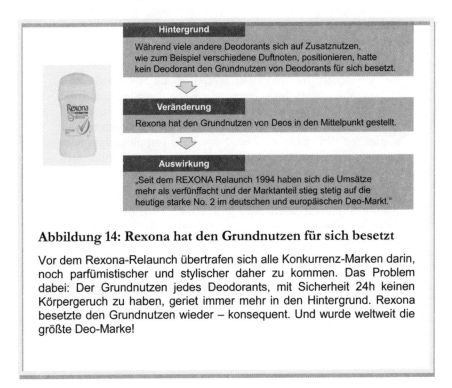

Abbildung 14: Rexona hat den Grundnutzen für sich besetzt

Vor dem Rexona-Relaunch übertrafen sich alle Konkurrenz-Marken darin, noch parfümistischer und stylischer daher zu kommen. Das Problem dabei: Der Grundnutzen jedes Deodorants, mit Sicherheit 24h keinen Körpergeruch zu haben, geriet immer mehr in den Hintergrund. Rexona besetzte den Grundnutzen wieder – konsequent. Und wurde weltweit die größte Deo-Marke!

Kundenbeispiel: Rexona 24h

Nachdem wir die Männermarke Axe erfolgreich im Markt begleitet hatten, überschlugen sich alle Anbieter, um den Axe-Erfolg auf andere Teilmärkte zu übertragen. Impulse für junge Mädchen. CD für die gepflegte Frau. Fa für die Frische-Fans.

Es wurde immer deutlicher, dass alle Deodorants immer speziellere Zielgruppen ansprachen und immer wertiger, parfümistischer daherkamen. Die Bezeichnungen der einzelnen Deo-Duftnoten erinnerten immer stärker an hochpreisige Parfüms und Eau de Toilettes.

Ein Psychodrama brachte erste Indizien, dass keine Marke mehr eindeutig für den Grundnutzen eines Deodorants stand. Und eine quantitative GAP-Studie bestätigte später, dass der GRUNDNUTZEN aller Deos, die Sicherheit, nicht nach Raubtierkäfig zu riechen, zunehmend erhebliche Defizite aufwies. Vor lauter Zusatznutzen war in der Produktkategorie Deos der ursprüngliche Kaufgrund - die Sicherheit, auf keinen Fall Körpergeruch zu haben - völlig aus dem Fokus geraten.

So entstand die Überlegung, die damals ziemlich abgewirtschaftete Marke Rexona wieder auf diese Basis-Sicherheit zu fokussieren: Mit der Marke Rexona eine Art Versicherung abzugeben, dass der Anwender volle 24 Stunden Schutz vor Körpergeruch kauft.

Dem Hersteller Elida-Gibbs schien ein solches Konzept viel zu einfach, er wollte aus Rexona ein Sport-Deo machen und hatte schon einen Testimonial-Vertrag mit Steffi Graf unterschrieben. Aber die Forschung zeigte, dass das Schwitzen beim Tennisspielen völlig irrelevant für den Normalverbraucher ist, weil man üblicherweise sowieso nach dem Spiel duschen geht.

Also zeigten wir Steffi Graf nicht beim Sport, sondern nutzten ihre hohe menschliche Sympathie für die Marke und ließen sie das Versprechen abgeben: Rexona verspricht und hält den 24-Stunden-Schutz gegen Körpergeruch. Und die Testergebnisse zeigten schnell, dass es der Marke Rexona gelungen war, den Grundnutzen „Sicherheit" besser als jede andere Marke für sich zu besetzen. Dank dieser Positionierung ist Rexona heute weltweit die Nr. 1 im Deodorant-Markt.

Ursache des großen Erfolges: Immer wenn es einer Marke gelingt, den Grundnutzen einer Warengruppe dominant zu besetzen, kann man sich der Mehrheit des Markt-Potenzials gewiss sein: Eine gute Voraussetzung für ordentliche Umsätze.

Aber wie erreichen wir neben der Basisanforderung des Kategorie-Grundnutzens einen eigenständigen, sich von der Konkurrenz abgrenzenden Ansatz, der einem uns bei unserer Zielgruppe den entscheidenden Vorteil bei der Marken-Präferenz sichert?

3.3 Zusatz-Nutzen bilden Teil-Märkte

Zusatznutzen sind Ansatz von Teilmärkten

Aber wie entwickeln wir neben der allgemeinen Kategorie-Verwendung zusätzlich eigenständige, untereinander abgrenzbare Marken-Konzepte?

Neben dem Grundnutzen der Warengruppe existieren auch zusätzliche Wünsche und Anforderungen. Diese Zusatznutzen werden nicht von allen Verwendern gleichermaßen gewünscht.

Vielleicht sind manche Zusatznutzen wie der Duft für Sie besonders interessant, während Ihnen andere Zusatznutzen wie „klinisch geprüft" völlig egal sind. Vielleicht bevorzugen Sie völlig andere Zusatznutzen als wir?

In jedem Fall sind die Zusatznutzen ein Ansatz für Teilmärkte.

Wofür zahlt man? Zunächst natürlich dafür, dass das Produkt physisch seinen versprochenen Job tut: Die Uhr zeigt die Zeit an. Die Seife wäscht die Hände sauber. Der Verbraucher zahlt zunächst einmal für den Grundnutzen der Kategorie.

Aber bei genauerer Betrachtung fällt auf, dass neben dem Grundnutzen „Seife wäscht sauber" noch eine Reihe von anderen Dingen für den Verbraucher wichtig sein können. Vielleicht sucht er eine Seife, die besonders mild ist, gut duftet oder antibakteriell wirkt.

Diese Eigenschaften werden vielleicht nur von jeweils einem Teil der Seifen-Verwender als besonders wichtig erlebt. Das wirkt vom Standpunkt des Markenanbieters aus eher verwirrend. Scheinbar will jeder Endverbraucher irgendetwas anderes. Wie bekommen wir Ordnung in diese unübersichtlichen Produktanforderungen?

Teilmärkte bedienen unterschiedliche Bedürfnisse

Stellen sie sich vor, wir Menschen hätten statt eines Gehirns einen Chip im Kopf. Alle Menschen denselben Chip. Dann müssten wir uns alle gleichförmig und vorhersehbar verhalten. Das tun wir ganz offensichtlich nicht. Was also steuert unser UNTERSCHIEDLICHES Verhalten?

Stellen Sie sich vor, ein Mann schaut sich in seiner Welt um. Alle um ihn herum haben völlig unterschiedliche Erwartungen an ihn: Eltern, Kinder, Ehefrau, Arbeitgeber ...

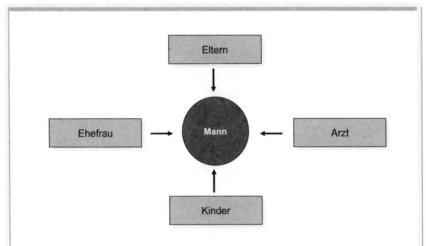

Abbildung 15: Rollenverständnis im Alltag

So alltäglich, dass man es selbst kaum noch merkt: Obwohl jeder einen typischen individuellen Charakter hat, schlüpft man (je nachdem, wer unser Gegenüber ist) in sehr unterschiedliche Rollen: „Spielt" den Vater, Ehemann, Sohn, Angestellten, Patient etc. – immer entsprechend der Erwartungshaltung der anderen.

Verändern wir den Blickwinkel: Schaut man sich den Mann aus der Perspektive der einzelnen Bezugspersonen an, so ergibt sich sofort eine einfach nachvollziehbare Ordnung. Jede dieser oben genannten Gruppen hat ein spezifisches Anforderungsprofil an den Mann.

Der Mann schlüpft also in verschiedene Rollen. Er erfüllt jeweils verschiedene Aufgaben. Gegenüber den Kindern ist er eben Vater, gegenüber dem Chef eben Arbeitnehmer.

Dem Chef ist es wahrscheinlich nicht so wichtig, wie gut der Mann sich als Vater verhält. Und dem Arzt ist es für die Diagnose und Behandlung vermutlich egal, wie gut der Mann seine Aufgaben als Angestellter erfüllt.

Der selbe Mann wird also in seinem Umfeld völlig unterschiedlich wahrgenommen: Und zwar vor allem deshalb, weil jede der Personen, auf die er trifft, ihn zunächst einmal durch die Brille der eigenen Wünsche und Erwartungen betrachtet.

So kann der gleiche Mann ein wunderbarer Vater sein, gleichzeitig ein lausiger Arbeitnehmer. Er erfüllt die Bedürfnisse seiner Kinder eben besser als die seines Arbeitgebers.

Ein Produkt bietet viele Teilmärkte

Ähnlich ist es auch in der Welt der Produkte und Dienstleistungen, zum Beispiel beim Orangensaft: Der gleiche Saft wird von unterschiedlichen Zielgruppen ganz unterschiedlich wahrgenommen. Das liegt daran, dass es im Markt für Orangensaft eben unterschiedliche Bedürfnisse gibt, die mit unterschiedlichen Eigenschaften befriedigt werden.

So verkauft man den gleichen Orangensaft mal als besonders gesund wie Hohes C, mal als besonders gut-schmeckend und genusshaft wie Granini, mal als Durstlöscher wie Punica oder frisch gepresst als Premium-Direktsaft.

Ähnlich ist es beispielsweise bei Rum. Das gleiche Basisprodukt Rum löst als Bacardi oder Pott völlig unterschiedliche Assoziationen, Verwendungs-Situationen und Verwender-Images aus.

Was ist passiert?

Es sind Teilmärkte entstanden!

Und Teilmärkte sind die Basis starker Marken-Konzepte!

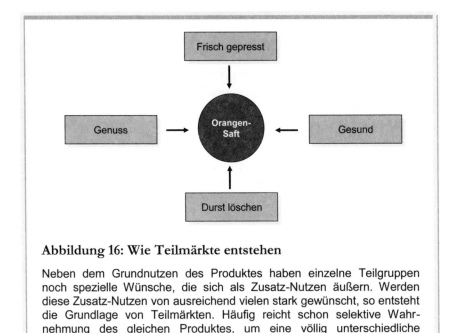

Abbildung 16: Wie Teilmärkte entstehen

Neben dem Grundnutzen des Produktes haben einzelne Teilgruppen noch spezielle Wünsche, die sich als Zusatz-Nutzen äußern. Werden diese Zusatz-Nutzen von ausreichend vielen stark gewünscht, so entsteht die Grundlage von Teilmärkten. Häufig reicht schon selektive Wahrnehmung des gleichen Produktes, um eine völlig unterschiedliche Wahrnehmung der Marken auszulösen: Bacardi vs. Pott-Rum!

Marketing ist ein Sub-Kategorie-Geschäft

Um es noch einmal zu betonen: Ein starkes Marken-Konzept ist die „Markierung" für die relevanten Eigenschaften. Die Marke steht damit für die KERNKOMPETENZ, mit der sich ein Teilmarkt von der Gesamt-Warengruppe abgrenzen lässt. Eine erfolgreiche Marke ist der Spezialist für etwas, was nur diese eine Marke für eine Teilgruppe im Markt besonders gut erfüllen kann.

Das bedeutet: Zunächst geht es darum, einen ausreichend großen, relevanten Teilmarkt mit spezifischen Wünschen über den Grundnutzen hinaus zu entdecken. Und diesen dann mit einem Marken-Angebot zu besetzen.

Nicht umgekehrt.

Man kann keine neuen Verbraucher-Bedürfnisse entwickeln. Die Bedürfnisse der Verbraucher müssen schon da sein. Man kann diese Wünsche nur entdecken und dann besonders gut befriedigen.

Daraus erklärt sich auch, warum man den Kunden nicht (wie es Vance Packard früher einmal in „Die geheimen Verführer" vermutet hat) gegen seinen Willen zum Kauf verführen kann: Die Bedürfnisse müssen zumindest latent beim Konsumenten schon vorhanden sein. Wir können die Wünsche vielleicht verstärken, neu schaffen können wir sie mit Sicherheit nicht.

Die Gesamtkategorie einer Warengruppe wird also aufgrund unterschiedlicher Verbraucher-Bedürfnisse in Sub-Kategorien aufgespaltet. Eine für den Verbraucher relevante Differenzierung durch eine zusätzliche Eigenschaft über den Grundnutzen der Produktkategorie hinaus führt zu einer Spezialisierung. Zu einer KERNKOMPETENZ.

Sie benötigen also einen sehr guten Grund, warum man immer bei Ihnen und nicht bei der Konkurrenz kaufen soll. Wenn Sie keine differenzierende Idee haben, sollten Sie besser einen sehr, sehr niedrigen Preis haben.

Zusatz-Nutzen der Kategorie sind Basis von Teilmärkten

Genau das ist das Ziel im Marketing: Die Bedürfnisstruktur der Verbraucher für einen Teilmarkt zu erkennen und diese Bedürfnisse mit dem Marken-Angebot so gut wie möglich zu erfüllen. Und genau das zu kommunizieren.

Wenn es einem gelingt, für einen abgegrenzten Teilmarkt das beste Angebot zur Verfügung zu stellen, dann wird man zwangsläufig von dieser Zielgruppe bevorzugt. Das Angebot wird bei dieser Zielgruppe zu einem MARKENMONOPOL.

Die konsequente Ausrichtung der Angebote auf die Teilmärkte ermöglicht es einem Hersteller, mehrere erfolgreiche Konzepte nebeneinander in der gleichen Warengruppe zu vermarkten, wie zum Beispiel Axe und Rexona. Mit der Konsequenz, dass die Marken verschiedener Teilmärkte überhaupt keine direkten Wettbewerber mehr sind: Denn die verschiedenen Konzept-Ausrichtungen sprechen völlig unterschiedliche Käufergruppen an.

Teilmärkte schützen in diesem Sinne sogar vor direktem Wettbewerb.

Und damit wird auch der zentrale Unterschied zum klassischen, operativen Marketing mit seinem Fokus auf den „Krieg der Marken" deutlich: Bei genauer Betrachtung ist in vielen Fällen des Marken-Krieges nämlich nicht einmal sicher, dass man sich mit dem wahren, richtigen Wettbewerber vergleicht ...

Bei unserem strategischen Marketing-Ansatz reicht für jeden ausreichend großen Teilmarkt nur EINE dominante Marke für die Besetzung der Subkategorie, um für jeden Teilmarkt ein kompetentes MarkenMonopol aufzubauen.

Dagegen konkurriert beim Evolutions-Marketing nach „Survival of the fittest" jede Marke mit JEDER anderen, obwohl sie mit hoher Wahrscheinlichkeit völlig unterschiedlichen Verwender-Potenzialen mit völlig verschieden Bedürfnis-Strukturen angehören. Womit sich eigentlich die Absurdität dieses Marketing-Modells sehr deutlich zeigt.

Nach unserem Denkmodell des MarkenMonopol-Konzeptes sollte jede ERFOLGREICHE Marke im Markt völlig verschiedene Zielgruppen mit völlig unterschiedlichen Bedürfnisstrukturen bedienen. Um noch einmal auf unsere Mann-Analogie zurückzugreifen: Nach dem konventionellen Trial & Error-Marketing-Ansatz würde das in der Konsequenz bedeuten, dass der Mann in der Vaterrolle verzweifelt versucht, mit seiner Rolle als Patient oder Arbeitnehmer in den direkten Wettbewerb zu treten.

Sofort wird der völlige Unsinn eines solchen Vorgehens sichtbar ...

Positionierung auf einen Zusatznutzen kann sich lohnen

Um es noch einmal für das strategische Marketing an einem stark vereinfachten Beispiel deutlich zu machen: Die Zielgruppen und Bedürfnisse für eine Sportwagenmarke wie Porsche stehen in überhaupt keinem direkten Wettbewerbs-Verhältnis zu einer Familien-Kutsche, die Platz für Windeln, Buggies und Kindersitze haben muss.

Und der Versuch, es allen Verwendern einer Warengruppe gleichermaßen recht zu machen, muss zwangsläufig scheitern. Jeder Spezialist mit einer Kernkompetenz in einem speziellen Bereich ist immer der eierlegenden Wollmilchsau überlegen. Beispiel: Vermutlich trauen Sie kaum einem Restaurant, welches chinesisches und deutsches Essen, Sushi und Pizza gleichzeitig anbietet. In der Regel wirkt auf Sie jeder kleine Italiener an der Ecke kompetenter.

Langfristig ist es wesentlich lukrativer, die verschiedenen Teilmärkte mit unterschiedlichen Angeboten zu versorgen, als nur einen Orangensaft für jeden anzubieten, der die vielen unterschiedlichen Ansprüche gleichermaßen erfüllen soll.

So haben wir es auch bei unserem nächsten Fallbeispiel gemacht. Es ist zwar schon ein bisschen her, aber Peer-Holger Stein und sein Team haben damals einen bisher nicht eigenständig bedienten Teilmarkt analysiert und eine völlig neue Marke, nämlich Axe erfolgreich auf ein Kundenbedürfnis positioniert.

Mit diesem Fallbeispiel soll lediglich das grundsätzliche Verständnis erläutert werden. Es folgen weitere Kundenbeispiele wie Jules Mumm oder Wrigley's Extra, bei denen ebenfalls ein Teilmarkt wirkungsvoll angesprochen wird.

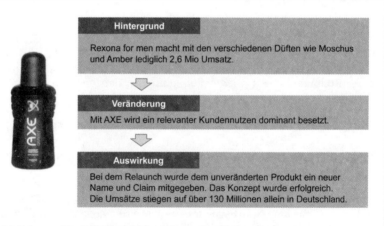

Hintergrund

Rexona for men macht mit den verschiedenen Düften wie Moschus und Amber lediglich 2,6 Mio Umsatz.

Veränderung

Mit AXE wird ein relevanter Kundennutzen dominant besetzt.

Auswirkung

Bei dem Relaunch wurde dem unveränderten Produkt ein neuer Name und Claim mitgegeben. Das Konzept wurde erfolgreich. Die Umsätze stiegen auf über 130 Millionen allein in Deutschland.

Abbildung 17: AXE – Nutzen statt Produkt vermarktet

Klar, dass junge Männer beim anderen Geschlecht ihre Chancen erhöhen wollen, denn ein Korb ist bitter fürs Selbstvertrauen. Axe verspricht diesen Axe-Effekt: Der Duft, der Frauen provoziert ... – und Glaube versetzt Berge. So gesehen zahlen die Kunden nicht für Moschus-Duft, sondern für einen therapeutischen Ansatz.

Kundenbeispiel: Axe

Mit „Der Duft, der Frauen provoziert" zur nachhaltigen Marktführerschaft

Mitte der achtziger Jahre machte die Deo-Marke Rexona ca. 2,6 Mio. DM Umsatz mit der Line-Extension „Rexona for men". Nachdem Marken wie Banner (... bannt Körpergeruch) sichergestellt hatten, dass die Nylonhemden tragenden Männer nicht mehr wie Raubtiere rochen und Bac (... mein Bac, dein Bac) für jeden in der Familie eine Variante anbot, übertrafen sich alle Deo-Anbieter in immer parfümistischeren Duftnoten und Packungsdesigns.

Als wir die Betreuung für „Rexona for men" übernahmen, war das Amber- und Moschus-Produkt auf „Geruchsvermeidung" positioniert. In Psychodramen - zur Hypothesen-Sammlung - und anschließenden Segmentations-Studien fanden wir mehrere Ansatzpunkte für eine erfolgreiche Repositionierung.

Es wurde die MarkenMonopol-Positionierung mit dem größten Potenzial gewählt.

Aber bei Axe wurde nicht der Reason Why „Moschus" in den Mittelpunkt gestellt, sondern das Versprechen an junge Männer: „Axe ... der Duft der Frauen provoziert!" Das an sich unveränderte Produkt wurde mit dem neuen Namen Axe und neuem Packungs-Design gelauncht.

Das Konzept lobte nicht die Duftnoten Moschus und Amber aus, sondern versprach einen für die junge Zielgruppe hochrelevanten, eindeutigen Nutzen: Axe verspricht mit seinem Slogan einen besonderen Attraktivitätsgewinn und bessere Chancen beim anderen Geschlecht.

Für nachpubertäre junge Männer mit hohem Hormonspiegel und, dank Akne, vielen Selbstzweifeln war dies ein hochrelevantes Versprechen. Denn wer fühlt sich nicht im Innersten getroffen, wenn man beim Flirten einen Korb bekommt.

Für einen etwas teureren Endverbraucherpreis (Axe kostete etwa das Doppelte eines normalen Deos) erhofften sich viele Verbraucher einige Körbe weniger vom anderen Geschlecht. Axe war damit für diese Zielgruppe eine Problem-Lösung.

Dieses emotionale Wirkungsversprechen gibt einem bestimmten Typ eher jüngerer Männer ein Stück Lebenshilfe, indem das Produkt das Selbstwertgefühl dieser Männer steigert. Der Nutzen geht deutlich über die reine Vermeidung von etwas Negativem (Geruch) hinaus.

Axe muss bei der Werbe-Umsetzung dieses emotionalen Nutzenversprechens sorgfältig vorgehen. Die meisten Spots haben sich an die von uns ermittelten abverkaufs-steigernden Erkenntnisse gehalten. Eine Ausnahme war der von uns als sehr kritisch eingestufte „Axe-Eunuchen-Spot", der auch unmittelbar eine deutliche Umsatz-Delle bewirkte.

Axe verkauft nicht ein Produkt, sondern einen emotionalen Nutzen. Die Kernkompetenz der Marke ist Attraktivitäts-Gewinn. Dem entsprechend konnte man unter gleicher Marke und gleichem Nutzen-Konzept auch andere glaubwürdige Duftträger-Produkte wie After Shave oder Duschgel anbieten. Und eben kein Shampoo, da diese Warengruppe als dominanter Duftträger nicht akzeptiert wurde.

Der Erfolg war überwältigend. Und innerhalb kurzer Zeit wurden sehr erfolgreich Duschgels und Aftershaves nachgelegt. Axe machte einen neuen Markt auf: Eine neue Sub-Kategorie. Und besetzte diese erfolgreich gegen Nachahmer wie Cliff, Gammon und Prince von Aldi. Ein neues MarkenMonopol war entstanden.

Dieses Beispiel zeigt, wie man den absolut gleichen Duft unter Rexona for men oder unter Axe äußerst unterschiedlich gut vermarkten kann.

Der Erfolg im Markt: Die Umsätze stiegen von 1,3 auf 65 Millionen Euro in Deutschland. Die Marke wurde zudem international ein großer Erfolg.

Marktphase und -Wachstum berücksichtigen

Wenn man einen völlig neuen Markt (noch ohne jeden Wettbewerber) erschließt, dann reicht theoretisch zunächst ein Produkt, wie vor vielen Jahren in den USA z.b. das Ford T-Modell. Aber spätestens wenn weitere Wettbewerber in den Markt eintreten, werden diese versuchen, ein Stück vom Kuchen abzubekommen.

Um nicht auf breiter Front gegen den Pionier antreten zu müssen, sollte der neue Wettbewerber sich einen Teilmarkt wie Sportwagen, Busse oder LKWs suchen. Und diesen mit einem speziell ausgerichteten Angebot besonders gut bedienen. Ähnlich hat es General Motors zur Mitte des letzten Jahrhunderts gemacht und ist damit an Ford vorbeigezogen.

Statt ein Produkt für jeden anzubieten, ist es eben besser, ein Produkt für eine Teil-Zielgruppe mit ihren speziellen Wünschen zu optimieren. Das bedeutet verallgemeinernd, dass ein erfolgreiches neues Marken-Konzept am ehesten Chancen hat, wenn es gelingt, von der traditionellen Warengruppe einen möglichst großen Teilmarkt für eine abgrenzbare Zielgruppe abzuspalten.

Zusatznutzen teilen Märkte in Teilmärkte

Allerdings muss das neue Markenkonzept selbstverständlich den GRUNDNUTZEN der Gesamtkategorie erfüllen und ZUSÄTZLICH ein für die Markenzielgruppe relevantes Bedürfnis besser bedienen als alle anderen Wettbewerber im Markt.

So erklärt sich historisch gesehen auch die immer stärkere Spezialisierung der Warengruppen. Beispielsweise gab es ganz früher zu Beginn der Entwicklung des Autos zunächst nur kutschenähnliche Personenwagen. Diese haben sich dann in Busse, Lastkraftwagen, Kombis, Vans, SUV, Sportwagen, Kleinwagen und so weiter spezialisiert. Diese Entwicklung kann man praktisch in jeder Warengruppe feststellen.

Ähnlich hat sich auch der Computer-Markt entwickelt. Anfangs gab es nur Großrechner, bis der PC sich etablierte. Der PC-Markt hat sich aber auch immer weiter aufgesplittet, so dass es heute vom Server über Workstation, Desktop-PC, Laptop, Subnotebook, bis zum PDA und Smartphone alle Variationen gibt.

Auffällig ist auch, dass bei der Zielgruppe zwischen den neuen Produkt-Subkategorien und der traditionellen Warengruppe kaum noch Wechselbereitschaft existiert. Die normale Anzughose ist kaum noch eine direkte

Alternative zur Jeans. Kaum ein Verbraucher wechselt zwischen Backofen- und Fritteusen-Fries hin und her. Und Axe-Verwender werden kaum Dove- oder Nivea-Deos verwenden.

Konsequenz: Die Beschränkung auf einen Teilmarkt ist die entscheidende Voraussetzung für einen nachhaltigen Markterfolg.

3.4 Wie entschlüsselt man WER und WARUM qualitativ?

Suche nach dem emotionalen Kaufgrund

Auf den ersten Blick sieht die Aufgabenstellung ganz einfach aus: Wir suchen die Motive, welche die Verwendung einer Warengruppe auslösen und die Marken-Bevorzugung steuern. Was liegt also näher, als die Käufer selbst nach ihren Gründen zu befragen?

„Warum trinken Sie Kaffee statt zum Beispiel Tee?" Antwort: „Weil es mir besser schmeckt!" „Und warum kaufen Sie lieber Tchibo als Jacobs Krönung?" „Schmeckt besser, kaufe ich immer so!"

Na, wären Sie jetzt als Marketing-Spezialist wirklich schlauer? Kennen Sie nun die Kaufmotivation? Wohl eher nicht. Leider kann man im Marketing mit solchen Aussagen kaum etwas anfangen. Denn so verrückt es im ersten Augenblick klingen mag, aber in den meisten Fällen kennen selbst die Verbraucher die wirklichen Gründe für ihr Verhalten nicht.

Gibt es emotionslose Entscheidungen?

Wie entsteht überhaupt unser Verhalten?

Eines unserer entwicklungsgeschichtlich ältesten Hirnteile, das limbische System, sucht über diffuse Emotionen nach einem „positiven Gefühls-Hoch" und versucht, negative Emotionen zu vermeiden.

Die heimliche Sehnsucht des Menschen ist es, wieder in das Paradies zurückzukehren: Alle Probleme und Schwierigkeiten hinter sich zu lassen und in einem Art Schlaraffenland des Glücks zu leben. Anders als wir es gerne uns selbst und anderen immer weiß machen wollen, treffen wir unsere Entscheidungen eben nicht durch rationales Abwägen, sondern primär gefühlsgesteuert.

Damit sind wir Welten entfernt von dem Ansatz eines Homo Economicus, jenes theoretischen Menschen-Modells, der basierend auf rein faktischen, objektiven Informationen seine Entscheidungen trifft.

Vielmehr scheint es nach neuesten wissenschaftlichen Erkenntnissen eher so, als ob Menschen mit einer Schädigung der emotionalen, limbischen Hirnbereiche sich häufig außerstande fühlen, ÜBERHAUPT eine Entscheidung zu treffen. Offensichtlich stehen sich in einem solchen Fall die positiven und negativen Informationen so komplex gegenüber, dass ohne Emotionen überhaupt keine bewertende Gewichtung möglich ist: Der Esel verhungert zwischen zwei Heuhaufen, weil er sich nicht entscheiden kann.

1994 machte der US-Neurologe Antonio Damasio mit seinem faszinierenden Buch „Descartes' Irrtum" plausibel, dass unser viel gepriesener rationaler Verstand ohne emotionale Leitung gar nicht funktionieren würde.

Genauer gesagt: Gefühle sind keineswegs nur Gegenspieler des Intellekts, sondern durchdringen, formen und lenken die menschliche Vernunft auf fundamentale Weise. Emotionen scheinen so etwas wie Sprache vor der Sprache zu sein. Das limbische System ist quasi der Bauch des Gehirns.

Wie unser Unterbewusstsein das Verhalten steuert

Wirklich rationales Verhalten ist vermutlich eher eine Illusion: Wahrscheinlicher ist, dass wir (besonders in dem westlichen Kulturkreis) viele Entscheidungen vor uns selbst und unserem Umfeld erst im Anschluss rationalisieren.

Das heißt, dass die vielen Informationen, die auf unser Gehirn treffen, dort zwar analytisch ausgewertet werden, aber die Entscheidung aufgrund der emotionalen Bewertung getroffen wird. Hinzu kommt: Je alltäglicher diese Entscheidungen sind, desto routinierter entscheidet die Emotion, wie beispielsweise beim Kauf einer Marke des alltäglichen Gebrauchs.

Wir Menschen haben die Eigenschaft, von uns zu behaupten, dass wir besonders rationale Entscheidungen treffen. Dabei merken wir nur nicht, dass die Emotion für uns die Entscheidung bereits getroffen hat und unser Gehirn anschließend per Ratio versucht, diese Entscheidung zu rechtfertigen.

Logisch, dass eine solche Situation von emotionalen, scheinbar wenig greifbaren Entscheidungs-Kriterien der Konsumenten bei dem rational ausgerichteten westlichen Wirtschafts-Management eher Unbehagen auslöst und sehr suspekt erscheint.

Ist unser Wirtschafts-System doch darauf ausgerichtet, alle Entscheidungen mit Zahlen und Fakten zu begründen. Da macht der Hinweis, dass das Marketing im Wesentlichen auf so weichen Dimensionen wie Emotionen basiert, zunächst einmal vielen klassischen Managern Angst: Kontroll-Verlust!

Aber diese Angst vor den Emotionen ist unbegründet. Auch wenn wir diese Gefühle zunächst nicht mit dem Fieberthermometer messen können, lassen sich die Ursachen für das Verwendungs-Verhalten und die Marken-Wahl inzwischen mit speziellen Methoden sicher nachweisen.

Und sogar messbar machen.

Konstruktiver Egoismus

Unsere Wünsche und Bedürfnisse bestimmen unser Verhalten. Und zwar mit einem überraschend einfachen Grund-System: Konstruktiver Egoismus.

Soll heißen, wir sind relativ leicht zu etwas zu motivieren, wenn wir uns davon einen (möglichst kurzfristigen) Vorteil versprechen. Warum verhalten wir uns dann nicht nur egoistisch, sondern meistens sehr kooperativ?

Unser soziales Verhalten im Umfeld braucht, um gesund zu bleiben, auf Dauer ein ausgewogenes Verhältnis zwischen Geben und Nehmen. Denn zu krasser Egoismus führt auf Dauer zur Isolation, was bei uns menschlichen Gruppentieren zu psychischen und sogar körperlichen Schäden führt.

Wenn das so ist, dann müssen wir uns schon aus egoistischen Gründen kooperativ verhalten. Jedenfalls kann man feststellen, dass wir Menschen uns um so kooperativer zeigen, je näher uns der Gegenüber steht: Familie, Freunde, Bekannte bis hin zu völlig Fremden.

Sicher gibt es Ausnahmen, aber die Kernaussage, auf die wir hinaus wollen bleibt: Jedes Verhalten muss für etwas gut sein. Meistens dient das Verhalten dazu, irgendwelche emotionalen Wünsche zu befriedigen.

Emotionale Partnerwahl

Wie wenig rational viele Entscheidungen getroffen werden, lässt sich an dem folgenden Beispielen schön aufzeigen: Betreten wir einen Raum mit einigen uns unbekannten Personen, so fühlen wir uns zu einigen mehr hingezogen als zu andern. Vielleicht prüfen Sie selbst einmal, wie Sie eine Ihrer wichtigen Entscheidungen getroffen haben: die Wahl ihres Lebenspartners. Hoffentlich hatten Sie eine große Auswahl an Alternativen.

Zu einigen fühlten Sie sich mehr oder weniger hingezogen, vermutlich ohne dass Sie spontan die drei wichtigsten Gründe für ihre Präferenz-Entscheidung benennen könnten. Denn selbst bei wichtigen, langfristigen Entscheidungen wie der Wahl eines Partners werden die Entscheidungen nur sehr selten rational getroffen.

Wenn Sie nicht gerade Controller sind, haben Sie wohl kaum eine rationale Abwägung von Stärken und Schwächen anhand von Checklisten durchgeführt. Kaum jemand führt eine systematische Diagnose bei der Wahl seines Partners durch. Und so ähnlich fällt auch die Entscheidung zwischen den Marken-Alternativen am Verbrauchermarkt-Regal. Irgendwie bevorzugt man eine Marke gegenüber den anderen, ohne dass die meisten Verbraucher dies so ganz genau und nachvollziehbar begründen könnten.

Wollte ich zum Heiratsschwindler umschulen, wäre ich aber sicherlich gut beraten, zu verstehen, was die Frauen wirklich von mir hören wollen. Bei Marken ist es wieder ähnlich. Diese Entscheidungen werden nur selten rational und fast immer emotional im Unterbewusstsein getroffen. Und wenn wir diese Emotionen besser verstehen, dann können wir die Produkte auch besser vermarkten.

Suche nach Hypothesen von Needs

Fassen wir noch einmal zusammen: Worin liegen unsere Schwierigkeiten, die Motive für das Verwendungs- und Kaufverhalten von Kunden sicher zu erkennen?

Den meisten Kunden sind die Gründe für ihr Verhalten gar nicht bewusst. Wenn die Marketing-Forschung das Verbraucher-Verhalten erklären soll, stellt uns das natürlich vor große Probleme: Anscheinend kennen die meisten Käufer die Motivations-Struktur für ihr Konsumverhalten und die Markenwahl nicht, oder sie können sich nicht ausreichend artikulieren. Oder wollen es nicht, weil es mit den sozialen

Normen und damit ihrem Selbstbild nicht übereinstimmt. Und suchen vernünftig klingende Begründungen für unbewusstes, emotionales Verhalten.

So laufen wir Gefahr, falsche oder zumindest unvollständige Begründungen durch direkte Befragung von Kunden zu bekommen. Verstärkt wird die Fehler-Wahrscheinlichkeit zum Beispiel durch sogenannte Gruppendiskussionen: Einer munteren Gesprächsrunde von zehn, zwölf Kunden, die zu allerlei Themen der Warengruppe befragt werden. Das Problem: dominante Teilnehmer übernehmen häufig die Gesprächsführung. Meinungen gleichen sich schnell an. Sozial gewünschtes Verhalten wird dramatisiert. Die Verwendungs-Situation häufig kaum berührt. Emotionale Ängste kaum herausgestellt etc. ...

Also brauchen wir eine Forschungs-Methode, die möglichst offen die ganze Breite aller möglichen Hypothesen und Einflüsse zur Produkt-Verwendung, zum Grundnutzen, Zusatznutzen, zu Verwendungs-Situationen, Marken und Verwender-Images erfasst.

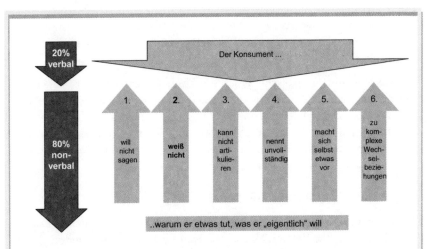

Abbildung 18: Kommunikations-Schwierigkeiten

Viele Konsumenten können ihr Verhalten nicht erklären: Sie wissen es nicht, zum Beispiel weil die Entscheidungen unterbewusst ablaufen. Oder Sie wollen es nicht sagen, weil es gegen soziale Normen verstößt. Viele Menschen können sich einfach nicht gut artikulieren. Und zu allem Überfluss läuft etwa 80 Prozent der Kommunikation nonverbal ab: Durch Mimik, Körpersprache, Tonfall etc. ...

Psychodrama für die qualitative Analyse

Jahrelang haben wir nach einer Lösung für dieses Problem gesucht, wie wir sicher an Hypothesen kommen, die das Konsum- und Kauf-Verhalten der Verbraucher erklären können. Da direkte Befragungen nur die verbale Ebene abbilden und nur selten sinnvolle Informationen liefern, verwenden wir eine Methode aus der Psychotherapie, die für unsere Zwecke modifiziert wurde: das Psychodrama.

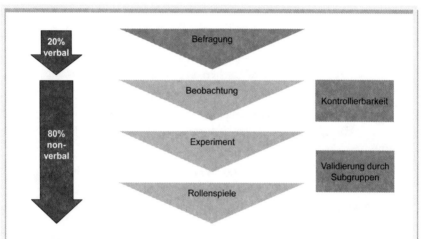

Abbildung 19: Vorteile Psychodrama vs. direkte Befragung

Das aus der Psychotherapie entliehene Psychodrama agiert indirekt: Durch Rollenspiele und Experimente kann man wichtige Situationen (Kaufentscheidung, Kauf, Verwendung, Mangel des Produkts) und damit auch soziale Zusammenhänge emotional wieder erlebbar machen. Marken sind als Marken-Persönlichkeiten darstellbar und detailliert beschreibbar.

Mit diesen Psychodramen können solche unterbewussten Bedürfnis-Strukturen sichtbar und nachvollziehbar gemacht werden. Durch indirekte spielerische Methoden wie Rollenspiele wird es möglich, die emotionalen Hintergründe und Verhaltensweisen, die Entstehung von Wünschen, ihre Rechtfertigungen und den gesamten Entwicklungs-Verlauf des Kaufentscheidungs-Prozesses und die emotionale Befindlichkeit bei der Verwendung des Produktes zu analysieren.

Grundnutzen und Usage-Treiber werden analysiert

Wie bereits beschrieben, diagnostizieren wir zuallererst den emotionalen Grundnutzen. Mit dem Psychodrama können wir herausfinden, was Verwender und Nicht-Verwender der Warengruppe unterscheidet.

Vielleicht fallen ihnen jede Menge faktische Gründe und Reason Whys ein. Aber lassen Sie sich nicht von den vielen funktionalen Begründungen täuschen: Jede scheinbar noch so wichtige rationale Produkt-Eigenschaft muss zu etwas gut sein, also zu einem emotionalen Nutzen führen.

Wir fragen nach, was die Kunden von jeder Produkt-Eigenschaft haben. Und bei der Antwort fragen wir wieder nach, was sie davon haben. Was wir so bekommen, ist die oft dem Kunden unbewusste Argumentationskette (Laddering) von der faktischen Eigenschaft bis zum Endbenefit: „Dann fühle ich mich wohler."

Im Psychodrama verfolgen wir die Entstehung der Verwendungswünsche, die Entwicklung des Kaufprozesses von der Informationssammlung bis zum tatsächlichen Kauf.

Wir klären die Gefühle bei der Verwendung des Produktes. Welche Aspekte aus der Erinnerung besonders wichtig waren. Und welche gefühlsmäßige Situation durch das FEHLEN des Produktes ausgelöst wird.

So klären wir weiterhin: Welchen Einfluss hat die Verwendung der Produktkategorie in Bezug auf die Übereinstimmung mit dem eigenen Selbstimage? Was könnten die Freunde und Bekannten darüber denken?

Wir analysieren, woran die Kunden die Qualität eines Angebotes festmachen. Was unterscheidet gute und schlechte Qualitäten? Wofür würde man einen höheren Preis bezahlen? Und dann fragen wir immer wieder INDIREKT nach dem WARUM? Was ist der emotionale Nutzen?

Das Psychodrama hilft uns also unter anderem, den Grundnutzen der Kategorien zu analysieren und zu verstehen. Warum kaufen manche im Versandhaus oder sind im Buchclub? Warum trinkt ein Verbraucher Bier, ein anderer Wein, Kaffee oder Tee, Mineralwasser oder Cola?

Psychodrama wirkt wie ein Seismograph

Darüber hinaus können wir mit dem Psychodrama aber auch die Unterschiede zwischen den einzelnen Marken besonders gut herausarbeiten. Man kann sagen, dass das Psychodrama wie eine Art Seismograph funktioniert.

Wir bohren uns - bildlich gesprochen - in die Köpfe der Verbraucher und schauen mal nach, wie es da drinnen so aussieht. Das Psychodrama ist sensibel. Das heißt, wir können auch die feinen Unterschiede zwischen den Marken besonders gut beleuchten: Welche Marken wirken eher alt, welche jung. Eher männlich oder weiblich. Intro- oder extrovertiert. Billig oder hochwertig. Eher konservativ oder unkonventionell. Eher deutsch oder international. Eher Weißkragen oder Blaumann. Im Psychodrama arbeitet man selbst so feine Unterschiede noch gut heraus, die sich im quantitativen Fragebogen lediglich bei der Nachkommastelle unterscheiden.

Denn täuschen Sie sich nicht: Glauben Sie nicht, dass der Verbraucher alle Marken durcheinander kauft und keine Unterschiede feststellt. Im Gegenteil: der Verbraucher registriert unbewusst oft weitaus mehr Unterschiede, als einem lieb wäre.

So haben wir, wie die nächste Fallstudie von Jules Mumm zeigt, den Sekt-Markt analysiert. Die Fallstudie hätten wir auch weiter hinten im Buch bei den Verwender-Images erläutern können. Es kann demnach oft sinnvoll sein, für eine alte, etablierte Marke eine neue, jüngere Schwester-Marke daneben zu stellen.

In der folgenden Fallstudie sollen einige Fragen aufgeworfen werden, die wir mit Hilfe des Psychodramas für unseren Kunden beantworten konnten. Um die neue Marke zu entwickeln, mussten wir vorher die bestehende Marke, den Gesamtmarkt und die wichtigsten Wettbewerbsmarken im Hinblick auf Verwender-Typen und Verwendungs-Situationen durchleuchten.

Mit dem Vergrößerungsglas des Psychodramas ist es oft sehr erstaunlich, wie gravierend die Unterschiede zwischen zwei - von außen fast identisch beurteilten - Marken wirklich sind. Und das, obwohl die Marken oft die gleichen Produkte anbieten, wie zum Beispiel Fixprodukte von Maggi und Knorr.

Kundenbeispiel: Jules-Mumm

Fruchtig, frech und erfolgreich

Zum Zeitpunkt der ersten Überlegungen zu einem Mumm-Relaunch war der deutsche Sektmarkt schon recht ungemütlich geworden. Mumm, von den 60ern bis in die 80er Jahre noch eindeutiger Hero unter den Anbietern, trat nach jahrelangem Wachstum in eine Stagnationsphase ein. Am Markt begann sich die Preisspirale langsam aber stetig nach unten zu drehen.

Die deutschen Traditions-Sektmarken litten unter den vehementen Zuwächsen von Freixenet und später auch Prosecco: beide Angebote, so die Vermutung, verkörperten eine gänzlich neue Art von Sekt, die vor allem auf jüngere, weibliche Zielgruppen einen hohen Reiz ausübte.

Am Anfang der Entwicklung wurden die emotionalen Verwendungsmotive der Kategorie und der einzelnen Marken qualitativ und quantitativ herausgearbeitet, um zielgerichtet und nicht nach dem Prinzip von Versuch und Irrtum zu agieren.

Eine grundlegende Marktforschungs-Analyse des deutschen Sektmarktes musste die Möglichkeiten aufzeigen, wie Mumm die Markt-Veränderungen nutzen kann. Die Grundlagenstudie sollte als Ausgangspunkt für eine langfristig angelegte Markenstrategie dienen.

Vereinfacht ausgedrückt standen wir vor den Schlüssel-Fragen: Warum trinken die Leute eigentlich Sekt? Und warum greift der eine Verbraucher zu Mumm, während der nächste auf Freixenet schwört?

Dass Sekt ein hoch emotionales Getränk ist und nicht unbedingt zum Durstlöschen getrunken wird, ist naheliegend. Aber was genau macht die Faszination von Sekt aus? Mit dem Psychodrama konnten diese Fragen beantwortet werden.

Beispiele: Worin unterscheidet sich in emotionaler Hinsicht eine Situation, in der Freixenet verwendet wird, von einer anderen, in der Mumm getrunken wird? Zu welchen Marken passen welche Anlässe?

Wie unterscheiden sich die dargestellten Verwendertypen? Welche Funktion hat Sekt in diesen Situationen? Durch exploratives Nachfragen kann die Situation durchleuchtet, Motive und die Stimmungen der Teilnehmer tiefergehend eruiert werden. Wie verändert sich z.b. für Freixenet-Verwender eine Situation, in der anstelle von Freixenet überraschend Mumm serviert wird? Wie stellen Prosecco-Verwender wohl eine Gruppe von Mumm-Verwendern dar?

Die wichtigsten Erkenntnisse aus den Psychodramen: Sekt ist, überspitzt ausgedrückt, der einzige sozial akzeptierte Alkohol für Frauen. Sekt strahlt auch wegen der historischen Champagner-Herkunft eine hohe Wertigkeit und Festlichkeit aus. Er gilt als leichter und macht nicht so betrunken wie andere Alkoholika (Sekt-Frühstück).

Weitere wichtige Ergebnisse aus dem Psychodrama: Sekt verbindet grundsätzlich und schafft Gemeinsamkeit. Typisch für die Rollenspiele: Nachdem Sekt ausgeschenkt wurde, wird es wieder lebendig. Man kommt ins Gespräch, lacht miteinander oder ein Pärchen kommt sich näher.

Sekt und Champagner dient zur Hervorhebung von außergewöhnlichen Anlässen und zur Würdigung von großen Momenten. Sekt gilt also als Anstoß zur positiven Veränderung, zur positiven Steigerung des Augenblicks. Sekt markiert herausragende Situationen.

Junge Frauen haben diese Mechanik quasi auf den Kopf gestellt: Nun definiert das Öffnen einer Flasche Sekt auch im Alltag einen besonders lebenswerten Augenblick. Sekt braucht nicht länger einen Anlass. Sekt definiert „einfach so, zwischendurch, einen Anlass".

Damit ist im Grunde schon das Kernproblem des deutschen Sektmarkts skizziert: Die deutschen Traditionsmarken sind quasi fest zementiert in der klassischen Würdigungs-Ecke. Sie erscheinen vor allem den jüngeren Sektkonsumenten für ihre Lifestyle-Orientierung als deplatziert, steif und antiquiert. Der neu zu gestaltende Sekt aus dem Hause Mumm muss demgegenüber den gewünschten Glanz von modernem Lebensstil und Savoir-vivre ausstrahlen.

Da mit der Dachmarke Mumm im preisumkämpften Markt kaum starkes Wachstum zu erwarten war, wurden die Stimmen lauter „Wir müssen unserer Marke ein moderneres Image verpassen". Dies kam jedoch für Mumm nicht in Frage: Die treuen Mumm-Käufer im traditionellen Segment wollte man nicht mit einer aufgesetzten Modernität irritieren.

Ein Sekt im Traditions-Segment muss trocken oder extra trocken sein, um etwas zu gelten. Im modernen Segment lassen sich eher Vorlieben zu weniger trockenen Geschmacksnoten erkennen. Begrifflichkeiten wie halbtrocken oder gar süßlich waren dennoch in beiden Gruppen weitgehend verpönt und mit qualitativ hochwertigem Sekt fast unvereinbar. So wurde der Begriff Semi-Dry durch den stärker differenzierenden Begriff FRUCHTIG ersetzt.

Das attraktive moderne Segment (weiblich, Thriller) sollte mit einer Line-Extension erreicht werden, damit das bestehende Mumm-Potenzial (männlich, Performer) nicht gefährdet wird. Basierend auf den Verbraucherreaktionen wurde eine mutige Variante entwickelt mit modernem und peppigem Etikett, durchsichtiger Flasche, differenzierendem Schriftzug und eigenem Namen: Jules Mumm. Die im Briefing für den Spot eingeforderten Kommunikations-Inhalte wurden auf den Punkt getroffen.

Die Markenerweiterung Jules Mumm spricht erfolgreich und gezielt die Bedürfnisse eines neuen Segments an. Jules Mumm erreichte, wie von der Marktforschung vorherberechnet, eine große Verwenderschaft im modernen Segment. Zudem hat sich auch die vorher prognostizierte niedrige Kannibalisierungsrate mit Mumm im Markt bestätigt.

Trotz relativ geringer Werbeunterstützung ist die Absatz- und Marktanteilsentwicklung höchst erfreulich und zeigt – im rückläufigen Champagner- und Sektmarkt – kontinuierlich nach oben. Hierdurch bedingt konnte die Markenfamilie Mumm den höchsten Marktanteil in den letzten fünf Jahren übertreffen.

Fazit:

Bei den Verwendungs-Motiven geht es um die Daseinsberechtigung Ihrer Angebote und damit auch um die Daseinsberechtigung Ihrer Firma auf dem Markt!

Was genau will der Kunde? Was ist die Mechanik hinter seinem Verhalten?

Mit einer Methode wie dem Psychodrama verfügen wir über ein projektives Verfahren, in dem wir durch Rollenspiele die sozialen Gruppen und Situationen emotional nachvollziehbar analysieren und viele, viele unterschiedliche Hypothesen bilden können ...

Mit einer Vielzahl solcher, auch emotionaler Hypothesen im Sinn kann man nun im nächsten Schritt daran gehen, diese Hypothesen zu prüfen, zu isolieren und messbar zu machen. Denn allein schon eine genaue Vorstellung, welche und wie viele Motive für die Bevorzugung einer Produktkategorie wirklich wichtig sind, würde häufig die interne Diskussion bei den Markenartiklern erheblich sachlicher werden lassen.

3.5 Wie entschlüsselt man WER und WARUM quantitativ?

GAP-Analyse als quantitative Lösungshilfe

In diesem Buch lesen Sie viel über Emotionen, denn das ist die Grundlage für jedes menschliche Handeln. Wir müssen diese Wünsche verstehen, damit wir Einfluss auf die Kaufentscheidungen nehmen können. Das Problem dabei ist, dass diese emotionalen Gefühlswelten sehr schwer mit harten Zahlen zu messen sind. Aber wir können allen Ingenieuren und Controllern mitteilen, dass auch die Messung von emotionalen Bedürfnissen inzwischen möglich ist.

Um die Bedürfnisstruktur der Verbraucher signifikant und eindeutig messbar zu machen, habe ich in meiner Zeit als Inhaber der Konzept & Analyse AG die notwendige Forschung entwickelt, die man benötigt, um ein MarkenMonopol zu erschaffen. Zu dieser MarkenMonopol-Forschung gehören Methoden wie das Psychodrama, die sogenannte GAP-Analyse oder der MOT-Wirkungstest.

Im Detail zeigt Ihnen die Firma Konzept & Analyse AG, Nürnberg, sicherlich gerne die Vorgehensweise und Anwendungs-Möglichkeiten der MarkenMonopol-Forschung.

Mit GAP-Analysen lassen sich auch Emotionen als Faktoren messbar machen und quantifizieren. Hierbei handelt es sich um eine Befragung, die uns hilft, die Hypothesen aus den Psychodramen zu überprüfen und in Zahlen darzustellen.

Stark vereinfacht werden neben Informationen zur Verwendungs-Häufigkeit der Warengruppe das Marken-Relevant-Set und soziodemographische Daten, eine Vielzahl von Produkt-Eigenschaften und -Versprechen abgefragt.

Die Produkt-Dimensionen werden sogar zweifach bewertet: Einmal nach ihrer Wichtigkeit im Sinne eines Ideals, sowie ein zweites Mal als Bewertung der bisher überwiegend verwendeten Hauptmarke.

Wir möchten Ihnen nur knapp die wichtigsten Informations-Bausteine aufzeigen und welche Schlussfolgerungen man daraus ziehen kann.

Motive werden sichtbar und messbar

Über den mathematischen Kunstgriff der Faktoren-Analyse lassen sich die Produkt-Eigenschaften und Nutzen-Versprechen inhaltlich nach unterschiedlichen Motiv-Dimensionen ordnen, also zueinander strukturieren und messbar machen.

Für viele Klienten wird zum ersten Mal erkennbar, wie viele und welche Dimensionen aus Kundensicht in der Warengruppe wirklich relevant sind. Dazu ist es zwingend notwendig, alle im Psychodrama erkennbaren Hypothesen in die Quantifizierung einzubeziehen, wenn man vermeiden will, dass man aufgrund von Vorurteilen wichtige Dimensionen unbeachtet lässt.

Mit der Erfahrung von hunderten solcher Motivations-Analysen kann man häufig schon viele wichtige Schlüsse ziehen: Ob der Grundnutzen „Genuss" bei Speiseeis im gleichen Faktor mit der Produkt-Eigenschaft Cremigkeit steckt, während Stückigkeit bei Eis eine völlig getrennte, eigenständige Dimension ist.

Und es zeigt sich, dass in manchen Warengruppen ein hoher Preis nicht eine eigenständige Preis-Dimension im Sinne von teuer, billig, Sonderangebot aufmacht, sondern als indirekter Beweis für besonders gute Qualität vom Verbraucher wahrgenommen wird.

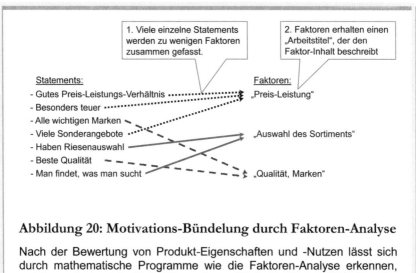

Abbildung 20: Motivations-Bündelung durch Faktoren-Analyse

Nach der Bewertung von Produkt-Eigenschaften und -Nutzen lässt sich durch mathematische Programme wie die Faktoren-Analyse erkennen, welche und wie viele Motiv-Dimensionen Einfluss auf das Verhalten der Verbraucher in einer Produktkategorie nehmen. Damit lassen sich auch emotionale Motive zu immer wieder messbaren Kriterien strukturieren. Das Management hat an dieser Stelle zum ersten Mal eine Übersicht über alle relevanten Kauf-Dimensionen der eigenen Marke.

Alle relevanten Kaufgründe objektiv sortiert

Damit werden nicht nur die vielen Einzelaspekte sinnvoll zueinander geordnet, sondern man verfügt häufig zum ersten Mal über eine Grundstruktur, die sich immer wieder reproduzieren lässt und auch für alle Folgeuntersuchungen einen verbindlichen Maßstab zur Verfügung stellt.

In einem nächsten Schritt werden die Dimensionen aus der Faktoren-Analyse in einen Motivschlüssel (siehe Abbildung 21) übertragen. Bei dem Motivschlüssel stellt jeder Schlüssel-Bart eine Dimension aus der Faktoren-Analyse dar. Der Motivschlüssel zeigt also sehr plakativ, welche Motiv-Dimensionen einer Marke oder einem Teilmarkt besonders zugeschrieben werden. Mit etwas Erfahrung im Umgang mit diesem Instrument lässt sich anhand von Korrelationen der Faktoren-werte zwischen unterschiedlichen Teilgruppen wie zum Beispiel Heavy- vs. Light Usern ableiten, welche Dimensionen für das unterschiedliche Verhalten besonders relevant sind.

Gewünschtes Ideal-Profil vs. Real-Profil der Hauptmarke

Bei der GAP-Analyse werden die Produkt-Eigenschaften und -Versprechen bei jeder Testperson zweimal abgefragt: Es wird sowohl das Ideal als auch der Status abgefragt: Zum einen wird die Ideal-Anforderung gemessen, also wie das perfekte Marken-Angebot aussehen soll. Hierzu wird die Wichtigkeit der einzelnen Dimensionen beurteilt. In einem zweiten Schritt wird die aktuelle Hauptmarke anhand der gleichen Dimensionen bewertet.

Bei einem direkten Vergleich der Bedürfnis-Strukturen jeder einzelnen Person lassen sich so die Defizite zwischen dem gewünschten Ideal (unabhängig davon, ob es jemals konkret erreichbar ist) und der Bewertung der zurzeit verwendeten Hauptmarke ablesen.

Die bisher verwendete Hauptmarke ist deshalb ein wichtiger Bewertungsmaßstab, weil die Hauptmarke von unserem Angebot verdrängt werden muss, um Marktanteile zu gewinnen.

Da für jeden Verbraucher sein virtuelles Ideal-Anforderungs-Profil und die Bewertung seiner Hauptmarke sowie die Auswirkung im Sinne des Marken-Relevant-Sets im Computer gespeichert ist, lässt sich durch Simulation des Angebot-Profils erkennen, welche Dimensionen in welche Richtung verschoben werden müssen, um die Attraktivität der Marke weiter zu erhöhen.

Das bedeutet in der Konsequenz, dass wir (zunächst auf individueller Basis) in der Lage sind, das Angebots-Profil so in Richtung des Ideals zu optimieren, dass wir die Kaufbereitschaft drastisch erhöhen – und erkennen können, welche Dimensionen dazu konkret verändert werden müssen.

Die Computer-Simulation zeigt eindeutig die Optimierungs-Richtung! In der obigen Abbildung sehen wir, dass der zweite und dritte Schlüsselbart der Marke vom Ideal abweichen. Diese beiden Dimensionen könnten, um ein einfaches Beispiel zu geben, Geschmack und Preis sein. Die Handlungsanweisung würde nun bedeuten, dass der Preis gesenkt und der Geschmack erhöht werden sollten.

Im nächsten Schritt müssen wir noch ein Problem lösen: Uns gelingt zwar eine individuelle Optimierung, aber das könnte im Extremfall 80 Mio. Marken in Deutschland bedeuten. Also stellt sich die Frage, wie können wir mit wenigen Marken-Alternativen möglichst viele Konsumenten ansprechen und zufrieden stellen?

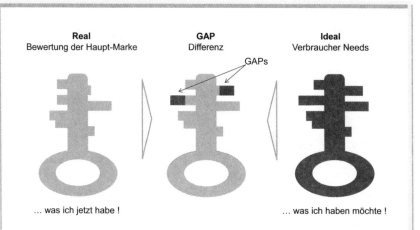

Abbildung 21: Real- und Ideal-Motivschlüssel ergeben GAP

Als Motiv-Schlüssel lässt sich das Bedürfnis-Profil der Hauptmarke (Real) im Vergleich zum gewünschten Ideal darstellen. Zielsetzung der Marken-Optimierung ist die Beseitigung der Defizite (GAPs) bei der Hauptmarke, um genau den idealen Verbraucher-Bedürfnissen zu entsprechen. Mit dem Ideal verfügt das Marketing also über eine eindeutig definierte Ziel-Anforderung.

Wie sinnvolle Teilmärkte entstehen

Unser Ziel muss es ja sein, mit möglichst wenigen Teilmärkten möglichst viele Verbraucher zufrieden zu stellen: Denn jeder weitere Teilmarkt teilt das Marktvolumen weiter auf und reduziert dadurch das Käufer-Potenzial.

Mehr als zwanzig Jahre Erfahrung führen zu folgender Empfehlung: Gruppieren Sie durch den Computer alle Konsumenten mit den gleichen oder ähnlichen Ideal-Bedürfnis-Profilen zusammen. So ergeben sich Käufergruppen mit gleichen Wünschen: Teilmärkte entstehen.

Diese Teilmärkte lassen sich auswerten. Zum Beispiel nach allen Kriterien, die im Fragebogen abgefragt worden sind: Verwendungs-Häufigkeit nach Menge und Wert, Verwendungs-Situationen, Marken-Präferenzen, Verwender-Images, soziodemografische Kriterien. Und natürlich das Ideal- und Hauptmarken-Profil innerhalb der einzelnen Teilmärkte.

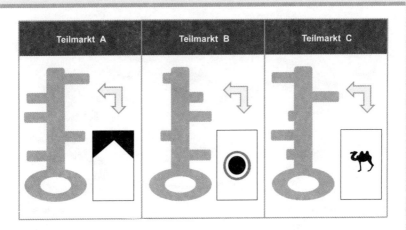

Abbildung 22: Teilmärkte mit verschiedenen Motivschlüsseln

Die sehr unterschiedlichen „Schlüsselbärte" der Motivschlüssel zeigen erkennbar verschiedene Bedürfnis-Strukturen. Unterschiedliche Bedürfnis-Profile bedeuten verschiedene Verbraucher-Potenziale, die kaum untereinander im Wettbewerb stehen. Marketing-Zielsetzung ist es, in jedem Teilmarkt eine dominante Marke mit eigenständigem Marken-Profil zu entwickeln: ein MarkenMonopol. Der Motivschlüssel der Marke und des Teilmarktes sollten möglichst gleich sein.

Wir können auch einen Motivschlüssel für einen Teilmarkt erstellen und eine Marke, die diesen Teilmarkt dominieren soll, dahingehend optimieren, dass der Motivschlüssel der Marke möglichst mit dem Motivschlüssel des Teilmarktes zusammen passt.

Häufig genug ergibt sich ein nachvollziehbares Bild völlig unterschiedlicher Verwender-Gruppen. Es wird deutlich, dass scheinbar ähnliche Grundprodukte wie zum Beispiel Autos (Porsche vs. Opel) aus Kundensicht mit sehr, sehr unterschiedlichen Kauf-Motivations-Kriterien verbunden werden.

In der Regel lassen sich ähnliche Bedürfnis-Strukturen zum Beispiel bei Eiscreme in den verschiedensten EU-Ländern auffinden, allerdings kann es durchaus sein, dass durch historische und kulturelle Entwicklungen die Größe der Teilmärkte zwischen den Ländern erheblich differiert.

Und es lässt sich vereinfacht sagen, dass sich in den meisten Fällen solche Teilmarkt-Strukturen nur relativ langsam verändern, es sei denn, eine völlig neue Technologie wie zum Beispiel Handys, DVDs etc. setzt sich durch oder das Kauf-Verhalten in einzelnen Warengruppen verändert sich, wie zum Beispiel durch Amazon im Internet.

Da in der Regel mittelfristig für die konkrete, operative Marketingarbeit nur einige wenige Teilmärkte wichtig sind, sollte man unbedingt darauf achten, dass bestimmte Käufergruppen durch Wiederauffindungs-Fragen zum Beispiel für Folgetests verfügbar sind.

Marken in Teilmärkten

Ein Vergleich der Größe der jeweiligen Teilmärkte und der entsprechenden Verteilung der Marken gibt wichtige Aufschlüsse über die Marken-Stärke und Profilierung des Angebots: Gewünscht für eine Marke ist eine dominante, den Teilmarkt beherrschende Marktposition in mindestens einem Teilmarkt mit ausreichendem Umsatzvolumen.

Es ist besser, in einem Teilmarkt eine dominante Marke als in mehreren Märkten die Nummer zwei oder drei zu sein. Wir wollen ein Marken-Monopol mit einer eindeutigen Kernkompetenz zumindest für einen Teil der Kunden sein.

Gibt es dagegen keinerlei Schwerpunkte einer Marke über alle Teilmärkte (hier Marke 1), so bedeutet das in letzter Konsequenz, dass die Marke kein eindeutiges Profil hat und die Kaufentscheidung eher zufällig vom Verbraucher getroffen wird: Eigentlich schon fast eine Ohrfeige für das verantwortliche Marketing.

Jeder Teilmarkt ist einzeln zu betrachten

Das bedeutet in der Konsequenz, dass in den einzelnen Teilmärkten völlig unterschiedliche Marktführer den jeweiligen Bereich dominieren können. Und dass es in einer Gesamtkategorie nicht zwingend EINEN Marktführer geben muss, sondern dass in jedem Teilmarkt durchaus eine andere Marke dominieren sollte.

Schaut man sich nicht mehr den Gesamtmarkt, sondern die relevanten Teilmärkte an, so wird auch deutlich, dass in jedem Teilmarkt eine völlig unterschiedliche Wettbewerbs-Situation der Marken zueinander besteht, völlig unabhängig davon wie die Umsatz-Rangreihe für den Gesamt-Markt aussieht. Und diese Informationen geben wichtige Handlungs-Anweisungen darüber, wer überhaupt unser konkreter Konkurrent ist.

Teilmarkt	A	B	C	Summe
Marke 1	35	35	30	100
Marke 2	65	15	20	100
Marke 3	75	15	10	100
Marke 4	10	75	15	100

Abbildung 23: Verteilung auf Teilmärkte in Prozent

Das Muster zeigt völlig unterschiedliche Wettbewerbs-Situationen in den drei gleich großen Teilmärkten. Die Eigenständigkeit der Marken zeigt sich aufgrund der Verteilung über die Teilmärkte. Marke 1 ist völlig unprofiliert und in allen Teilmärkten gleich verteilt. Marke 2 ist zwar im Teilmarkt A stark, muss aber mit der gleichstarken Marke 3 leben, die sogar Marktführer ist. Profilierteste und eigenständigste Marke scheint Marke 4 zu sein, die Teilmarkt B völlig dominiert. Marke 1 sollte in Erwägung ziehen, Teilmarkt C zu besetzen.

Marktlücken sind identifizierbar

Ja, es kann sogar sein, dass sich in einem Teilmarkt bisher überhaupt kein eindeutiger Marktführer herausgebildet hat. Als wir den Kaugummi-Markt für Wrigley untersuchten, zeigte sich ein deutliches Bedürfnis-Profil für einen Kaugummi, der Zahnschmelz und Zahnfleisch stärkt bzw. Kariesbildung verhindert: Eigenschaften, die Kaugummi schon immer unterstellt wurden, für die es aber bisher kein spezielles, konkretes Produktangebot gab.

Mit dem bestehenden Know how und den verfügbaren qualitativen Methoden können wir auch gezielt nach Motiven suchen, die bisher noch nicht von einer Marke besetzt wurden. Anschließend können wir mit guten quantitativen Methoden exakt feststellen, wie groß die

Teilmärkte und damit auch wie groß die Marktlücken aller Voraussicht nach sind.

So wurde damals Wrigley's Extra entwickelt, mit Produkteigenschaften zur Optimierung der Säurekurve im Mund versehen, welche die Glaubwürdigkeit des Versprechens unterstützten. Und mit einem Packungs-Format, das sich eindeutig von den bisherigen Produktstreifen abhob. Und natürlich zu einem leicht erhöhten Endverbraucher-Preis, denn Wrigley gehörte schon mehr als 80 Prozent des Kaugummimarktes in Deutschland, so dass die zu erwartende Kannibalisierung des Umsatzes zumindest mit einem Preis-Upgrading versüßt werden sollte.

Kundenbeispiel: Wrigley's Extra

Wrigley's Kaugummiprodukte schmecken nicht nur hervorragend, sondern liefern auch eine Reihe einzigartiger Vorteile, einschließlich Erfrischung des Atems, Verbesserung des Gedächtnisses und der Konzentration, Stressabbau, Hilfe bei der Zigarettenentwöhnung und Ersatz für Snacks. Mit einem Gesamtumsatz von 3,6 Milliarden Dollar vertreibt Wrigley seine weltbekannten Marken in über 180 Ländern.

In der Ausgangslage hatte Wrigley ein Wachstums-Problem, denn Wrigley dominiert den Kaugummi-Markt in Deutschland mit über 80 Prozent Marktanteil. Wie kann zusätzliches Wachstum erreicht werden? Der Ausweitung des Konsums stand ein soziales Akzeptanz-Problem entgegen: Mit Ende der Ausbildung bzw. Beginn der beruflichen Tätigkeit hörten die meisten Konsumenten auf, Kaugummi zu kauen.

Die Frage war: Wie kann man der Kern-Zielgruppe der über 20-Jährigen ein relevantes, sozial akzeptiertes Motiv zum weiteren Kaugummi-Konsum anbieten. Die Forschung zeigte: die Idee eines Anti-Karies-Kaugummis wurde positiv aufgenommen.

Der neue Produktnutzen, die Gefahr von Karies zu verringern, zeigte vielversprechendes Marktpotenzial. Insbesondere die Zielgruppe der Personen über 20 Jahre fühlte sich angesprochen. Zuvor hatten die Allermeisten mit Eintritt ins Berufsleben aufgehört Kaugummi zu kauen, um nicht gegen die gesellschaftlichen Konventionen zu verstoßen. Eine GAP-Studie bestätigte die Existenz eines vielversprechenden Segments mit Zahngesundheits-Bedürfnissen.

Einige Zahnpasta- oder Mundpflegemarken waren bereits damit gescheitert, einen Zahnpflege-Kaugummi einzuführen. Die Verantwortlichen hatten anscheinend übersehen, dass der wichtigste Kernnutzen der Kaugummikategorie im Geschmack und „Kau-Genuss" besteht.

Zahncreme-Marken haben tendenziell einen immanenten Nachteil im Kopf des Kunden – trotz objektiv guter Blindtest-Ergebnisse:

Wer will schon zwanzig Minuten ZAHNPASTA schmecken und auf dieser herumkauen? Während Wrigley-Marken immer den wichtigsten Kernnutzen von Kaugummi erfüllten: KAU-GENUSS.

Wrigley's Extra wurde im Januar 1992 mit dem eigenständigen Produktversprechen eingeführt, während des Kauens die Karies verursachenden Säuren zu neutralisieren. Die Tatsache, dass das Kauen von Wrigley's Extra das Risiko von Karies um 40 Prozent reduziert, wurde natürlich in der Werbung aufgegriffen. Die Fähigkeit, Säuren im Mund zu neutralisieren, wurde durch eine pH-Kurve in der Werbung und auf der Verpackung demonstriert.

Die durchdachte und gut durchgeführte, schrittweise strategische Diversifikation des Wrigley's Extra Portfolios hat die Marke noch weiter gestärkt. Eine höhere Sortiments- und damit Regalbreite steigerten die Wahrscheinlichkeit, im Süßwarenmarkt bemerkt und gekauft zu werden.

Im ersten Halbjahr nach der Einführung erzielte Wrigley's Extra einen wertmäßigen Anteil von sechs Prozent in der Kaugummikategorie. Im zweiten Halbjahr 1992 verdoppelten sich die Anteile durch Werbung auf zwölf Prozent.

Wrigley hat das Markenkonzept mit dem Produktnutzen der Zahnpflege anschließend in vielen Ländern der Welt vermarktet und so auch international ähnliche Erfolge mit dieser Positionierung erzielt. Aus historischen Gründen wurde das gleiche Marken-Konzept international unter verschiedenen Markennamen verwendet. In Frankreich beispielsweise erreicht (Wrigley's) Freedent ähnliche Marktanteilszahlen wie in Deutschland.

Mit Wrigley's Extra gelang es, den Kaugummi-Konsum in höheren Altersgruppen deutlich zu steigern. Wrigley's Extra eroberte zudem fast 90 Prozent des neuen Teilmarktes.

Im Jahr 2004 hatte Wrigley's Extra einen Anteil von über 90 Prozent im Zahnpflegekaugummi-Segment und einen Anteil von 21 Prozent in der Kaugummikategorie. Die Verkäufe von Wrigley's Extra zu Endverbraucherpreisen betrugen 2004 etwa 100 Millionen Euro - damit eine der größten Süßwarenmarken in Deutschland.

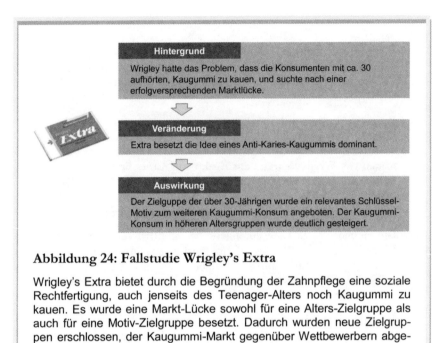

Hintergrund

Wrigley hatte das Problem, dass die Konsumenten mit ca. 30 aufhörten, Kaugummi zu kauen, und suchte nach einer erfolgversprechenden Marktlücke.

Veränderung

Extra besetzt die Idee eines Anti-Karies-Kaugummis dominant.

Auswirkung

Der Zielguppe der über 30-Jährigen wurde ein relevantes Schlüssel-Motiv zum weiteren Kaugummi-Konsum angeboten. Der Kaugummi-Konsum in höheren Altersgruppen wurde deutlich gesteigert.

Abbildung 24: Fallstudie Wrigley's Extra

Wrigley's Extra bietet durch die Begründung der Zahnpflege eine soziale Rechtfertigung, auch jenseits des Teenager-Alters noch Kaugummi zu kauen. Es wurde eine Markt-Lücke sowohl für eine Alters-Zielgruppe als auch für eine Motiv-Zielgruppe besetzt. Dadurch wurden neue Zielgruppen erschlossen, der Kaugummi-Markt gegenüber Wettbewerbern abgesichert, und der höhere Preis führte bei bisherigen Kaugummi-Käufern zu einem Up-trading.

Wie Marken in Teilmärkten optimiert werden

Wie aber optimiert man die einzelnen Marken innerhalb des Teilmarktes? Eigentlich ganz einfach, denn das Ideal-Profil müsste sich ja von Teilmarkt zu Teilmarkt deutlich unterscheiden, also erkennbar verschiedene Profilverläufe zeigen. Dieses Ideal-Profil ist genau genommen die Zielsetzung für alle Marken innerhalb des Teilmarktes. Je besser die Angebote diesen Wünschen und Bedürfnissen angepasst sind, umso größer ist die Käufer-Präferenz beim Potenzial dieses Teilmarktes.

Will man das Ideal-Profil im Teilmarkt noch weiter schärfen, so könnte man zum Beispiel den Motiv-Schlüssel der Heavy User zugrunde legen. Die Heavy User innerhalb des Teilmarktes sind zwar nur eine kleine Gruppe von 20 Prozent, aber sie stehen ja für rund 80 Prozent des Umsatzes.

Also ist diese Gruppe als Potenzial besonders wichtig. Und es ist zu erwarten, dass sich die Teilmarkt-Heavy User von der Teilmarkt-Gesamtgruppe in ihrem Bedürfnis-Profil noch einmal deutlich unterscheiden: Denn schließlich muss es ja Gründe für ihren drastisch verstärkten Konsum geben.

Darum macht es jede Menge Sinn, sich besonders gut auf deren Anforderungs-Profil auszurichten. Denn jeder Heavy User steht beim Umsatz für ein Vielfaches eines Light Users.

Am richtigen Hebel ansetzen

In der Einleitung hatten wir gefragt, ob Sie die 3 Stellschrauben kennen, um mehr Umsatz zu generieren. Hier wäre eine von den drei Schrauben. Wenn Sie wissen, was einen Heavy User von einem Light User unterscheidet, dann können Sie auch viel leichter einen Light User zu einem Heavy User machen. Wie im folgenden Beispiel:

Wir haben mal für SCHNEEKOPPE gearbeitet, einem namhaften Diät-Anbieter, der seine Produktpalette nicht in Fachgeschäften, sondern im Lebensmittelhandel verkaufte. Sie hatten damals gerade ein ganzes Sortiment an Fertiggerichten im Markt eingeführt und für viel Geld beworben. Leider mit wenig Erfolg.

Dabei hatten sie den zentralen Marken-Nutzen, nämlich die besonders GESUNDEN Zutaten der Gerichte, sehr deutlich herausgestellt. Aber die Umsätze waren einfach enttäuschend. Woran lag es? Wie konnten wir helfen?

Das Problem zeigte sich beim Abgleich der Verbraucherwünsche ihrer Zielgruppe und der Bewertung der eingesetzten Werbung: Es war richtig, dass die Schneekoppe-Zielgruppe auf besonders gesunde Lebensmittel Wert legte. Und genau das vermittelte auch die geschaltete Werbung.

Allerdings zeigten sich erhebliche Defizite zwischen der gewünschten und der vermuteten Schmackhaftigkeit der Angebote: Die Schneekoppe-Produkte erfüllten oder über-erfüllten die Gesundheits-Aspekte der Nahrung. Es gab dennoch eine kleine Gruppe von Heavy Usern, die besonders viel gekauft haben.

Unser Ziel war es jetzt, möglichst viele Light User auch zu Heavy Usern zu bekehren. Aus diesem Grund haben wir analysiert, was genau die Unterschiede zwischen den Light und Heavy Usern waren. Hierbei ist uns aufgefallen, dass besonders die Heavy User innerhalb der Zielgruppe vermuteten, dass die Gerichte lecker schmecken.

Den Verwendern reichte schon der Markenname Schneekoppe als Absender, um ausreichend überzeugt zu sein, dass die Nahrung wirklich gesund ist. Die Kommunikation sollte vielmehr die Genusshaftigkeit in den Mittelpunkt der Werbung stellen, denn daran entschied sich bei den meisten Schneekoppe-Käufern die Verwendungs-Häufigkeit der Gerichte.

Die Werbung wurde also dahingehend geändert, dass der gute Geschmack ausgelobt wurde, weil dort die stärkste Hebelwirkung für die Zielgruppe zu erreichen war.

Ohne Ziel ist jeder Weg richtig

Es ist von entscheidender Bedeutung, dass das Ideal (zukünftige Wunschmarke) und das Real (aktuelle Hauptmarke) gemessen werden. Denn eine reine Erhebung des bestehenden Markenstatus lässt die Optimierungs-Richtung offen. Wenn bei Kuchen-Fertigmischungen der Marktführer Oetker ein eher altmodisches Marken-Image hat, so ist ohne ein Ideal völlig offen, ob altmodisch gut im Sinne von emotionaler Nostalgie ist oder hier das Angebot als nicht mehr zeitgemäß erlebt wird.

Zentraler Punkt der Überlegungen: Wir benötigen unter allen Umständen eine klare, messbare Zieldefinition, an der wir auch später alle Umsetzungen auf Wirksamkeit prüfen können. Und es ist hoffentlich deutlich geworden, dass Marketing in Wirklichkeit ein Teilmarkt-Geschäft ist.

Es geht also darum, eine abgrenzbare Zielgruppe mit sehr eigenständigen Bedürfnis-Profilen erheblich besser als alle Wettbewerber zu bedienen. Und im Laufe der Zeit eine Reihe von Kernkompetenzen so ausschließlich für seine eigene Marke zu besetzen, dass kein Wettbewerber einem diese Eigenschaften je wieder streitig machen kann.

4 KONZEPT-ENTWICKLUNG

4.1 Wozu brauchen wir Marken?

Kleine Zwischenbilanz

In der Einleitung haben wir behauptet, dass wir ein gutes Rezept für Markenerfolge haben. Mit diesem Rezept können wir die Floprate von 80 Prozent deutlich senken.

In Kapitel drei haben wir gezeigt, wie unser Rezept im Wesentlichen aufgebaut ist. Zunächst analysieren wir, WER unsere bestehenden Markenverwender sind und WER unsere Zielgruppe ist.

Unser MarkenMonopol-Konzept stellt die Wünsche und Bedürfnisse der Kunden in den Mittelpunkt. Wichtige Kunden sind vor allem die Heavy User einer Warengruppe. Durch Methoden wie das Psychodrama sammeln wir Hypothesen zu den faktischen und emotionalen Ursachen der Produktverwendung, Grund- und Zusatznutzen, typische Situationen und Verwender-Images etc.

Viele Motive werden mit Hilfe der Faktorenanalyse zu wenigen Motivbündeln gruppiert. Die relevanten Dimensionen werden so sichtbar und messbar. Im nächsten Schritt kümmern wir uns um die Teilmärkte innerhalb einer Warengruppe. Eine Gruppierung des Potenzials anhand von Bedürfnis-Strukturen lässt Teilmärkte entstehen, die gute Beschreibungen aufgrund des abgefragten Verwendungs-Verhaltens, der Marken-Bevorzugung, Verwender-Images und sozio-demografischer Daten geben.

Als nächstes können wir auszählen, wie viele Verbraucher hinter jedem Teilmarkt stehen und welche Teilmärkte am einfachsten zu besetzen sind. Sobald wir uns für den lukrativsten Teilmarkt entschieden haben, können wir den Motivschlüssel des Teilmarktes mit dem Motivschlüssel unserer zu optimierenden Marke abgleichen.

Durch die Abfrage des Ideal-Profils und der jeweils bevorzugten Hauptmarke, ergibt sich das Defizit (GAP), das später bei der Optimierung der Marke möglichst reduziert werden soll: Denn die höchste Marken-Bevorzugung erreicht das Angebot, welches am dichtesten dem gewünschten Ideal-Profil entspricht.

Logisch zu Ende gedacht ergibt sich folgendes: Unser Fokus liegt auf den Kunden-Bedürfnissen und nicht auf dem Marken-Wettbewerb. Und unser Interesse sollte sich darauf konzentrieren, innerhalb eines wichtigen Teilmarktes eine absolut führende Marktposition zu erreichen: ein MarkenMonopol.

Das GAP entspricht den konkreten Handlungsempfehlungen, um zu dem Ideal zu kommen. Jetzt hat das Management die konkreten Stellschrauben, an denen gedreht werden sollte, um mehr Umsatz zu generieren.

Bis zu diesem Punkt ging es in unserem Rezept ausschließlich um das WER und WARUM und damit um das strategische Marketing. Erst nachdem die Zielvorgaben systematisch erarbeitet und mit Zahlen nachweisbar sind, versuchen wir die Handlungsempfehlungen in den Marketing-Mix umzusetzen. Beim Marketing-Mix soll das Produkt und die Kommunikation auf ein Ziel ausgerichtet werden.

Aber welche Aufgabe hat die Marke für den Kunden? Und für uns als Markenartikler?

Was genau ist eigentlich eine Marke?

Früher reichte es, ein Produkt zu entwickeln, es immer mal wieder zu verbessern – dann wurde daraus im Laufe der Zeit fast automatisch eine Marke.

Heute ist es fast umgekehrt: Nicht das Produkt trägt die Marke – die Marke trägt das Produkt. Umso mehr muss eine Marke heute wissen, wofür sie steht. Sie muss Sinn und Nutzen stiften und faszinieren. Und sie muss polarisieren, sonst geht sie unter.

Viele große Marken, die es heute gibt, hatten die letzten 100 Jahre Zeit, um nach Trial & Error dahin zu kommen, wo sie heute stehen. Wenn Sie nicht 100 Jahre warten wollen, bis Sie vielleicht eine erfolgreiche Marke nach dem Evolutionsprinzip haben, dann nutzen Sie doch einfach das MarkenMonopole-Konzept.

Wenn eine Marke sich nicht selbst positioniert, erledigt das der Kunde. Wenn er keinen Unterschied im Angebot erkennt, wird er nach Preis kaufen. Gnadenlos.

Definition einer Marke

Am häufigsten werden der Name und das Logo einer Marke wahrgenommen. Aber eine Marke ist viel mehr als ein Symbol oder ein Name. Eine Marke beinhaltet all die Assoziationen, die der Verbraucher mit dem Namen verbindet.

Eine Marke ist ein Nutzenbündel aus faktischen und emotionalen Nutzen für eine abgrenzbare Zielgruppe, die sich gegenüber ähnlichen Wettbewerbs-Angeboten für dieselben Grundbedürfnisse nachhaltig differenziert.

Niemals kann ein Produkt selbst die Marke sein.

Sobald Sie verstanden haben, wie Ihre Marke mit Kundenbedürfnissen interagiert, können Sie eine effektive Marketing-Strategie entwickeln. Aber nicht vorher!

Etwas theoretisch ausgedrückt, ist die Umsetzung einer Marke eine selbstähnliche Reproduktion eines Musters, wobei das Muster aus Kernkompetenzen, Werten, Farben, Symbolen, Sicherheitsaspekten und Prozessen besteht.

Der Kunde glaubt demjenigen, dem er vertraut. Und je austauschbarer Produkte werden, desto mehr Gewicht bekommen persönliche und gesellschaftliche Werte, Ästhetik, Verpackung, Präsentation.

Man geht nicht nur in ein Restaurant, weil man Hunger hat. Der Friseur massiert das Ego seiner Kunden und verkauft den Haarschnitt etwas überspitzt ausgedrückt als „Zusatznutzen". Ein Kaffeeproduzent verkauft nicht Bohnen, sondern Genuss und Lebensgefühl. Wenn man so will, ist das jeweils benutzte faktische Produkt „nur" der notwendige „Reason Why", um den emotionalen Nutzen zu bekommen.

Dem Kunden bringen Markenartikel schneller Orientierung, denn die Qualität und Güte der Leistung ist ja bekannt. Zugleich wird auch das Gefühl sozialer Nähe bekräftigt. Mit einer Marke kauft der Kunde also nicht nur das Produkt selbst, sondern zusätzlich einen ideellen Gegenstand, nämlich ein Versprechen, das an die Markierung der Ware geknüpft ist. Denken Sie nur einmal an Champagner oder Parfüm ...

Der Wert einer Marke:

Oft gehören die Marken zu den wertvollsten Vermögenswerten eines Unternehmens. Coca Cola gilt als einer der teuersten Marken-Namen weltweit. Warum? Eine Cola herzustellen, die so wie Coca Cola schmeckt, scheint nicht allzu schwer zu sein.

Aber eine so große Marken-Bekanntheit und ein so positives Image weltweit zu erreichen, das erfordert Jahrzehnte. Daher wäre es für Coca Cola schlimmer, wenn ab sofort kein Mensch mehr wüsste, wer oder was Coca Cola ist, als wenn sämtliche Produktionsanlagen der Firma plötzlich zerstört wären und erst wieder aufgebaut werden müssten.

Marken sind Vorurteile

Im Marketing werden die „Werte" einer Marke an das Produkt geheftet. Marketing oder Branding ist der Prozess, mit dem man einen Namen und bestimmte Assoziationen und damit einen Ruf an etwas oder jemanden bindet. Erst dadurch steigt langfristig der Markenwert.

Eigentlich sind Marken nichts anderes als Vorurteile.

Ein Vorurteil ist eine Vereinfachung der komplexen Welt bei häufig auftretenden Bewertungen: Man greift auf die Bewertung früher gemachter Erfahrungen zurück.

Der kleine, oft entscheidende Vor- oder Nachteil liegt darin, dass durch die ständige Anwendung der einmal festgelegten Beurteilung nicht mehr abgeprüft wird, ob sich die Situation eventuell inzwischen verändert hat und damit gar nicht mehr mit der neuen Realität übereinstimmt.

Daraus erklärt sich, dass es in der Regel eine ganze Generation dauert, bis ein breit etabliertes Vorurteil aufgebaut oder wieder aus den Köpfen der Menschen verschwunden ist. Das geht soweit, dass selbst konkrete, dem Vorurteil eindeutig widersprechende Erfahrungen vom Gehirn kurzerhand als Ausnahmen umdefiniert werden, bloß um an der einmal festgezurrten Meinung festhalten zu können.

Wahrnehmung ist wichtiger als die Realität

Genauso wie Vorurteile oft nicht stimmen, stimmt das wahrgenommene Bild einer Marke oft auch nicht ganz mit der Wirklichkeit überein. Das ist ein zentraler Punkt: Denn das bedeutet, dass es bei der sogenannten Realität (wie wir sie im Marketing verstehen) nicht um das faktisch Beweisbare geht, sondern um die Wahrnehmung. Die objektive Realität ist egal. Die WAHRNEHMUNG ist Realität.

Oft werden Produkte mancher Marken zu Unrecht als weniger qualitativ hochwertig wahrgenommen als die Angebote von Wettbewerbsmarken. Für den einen mag dies ärgerlich sein, den anderen freut's. Das Wichtige ist nur, dass man begreift, dass am Ende die Wahrnehmung des Verbrauchers zählt und sonst nichts. Wahr ist, was „wahr-genommen" wird.

Wenn also die Bewertung von Marken zu Vorurteilen verkürzt wird und Vorurteile so lange am Leben bleiben, so hat das natürlich im positiven wie negativen Sinne weitreichende Konsequenzen. Ein Vorteil ist natürlich, dass man ein positiv aufgebautes Image relativ lange verteidigen kann.

Wenn man allerdings kein so gutes Image hat, dann ist es umso schwerer, dieses wieder los zu werden. Und daraus erklärt sich auch, warum eine fest positionierte Marke nur äußerst selten durch einen Relaunch erfolgreich umpositioniert werden kann.

Bestenfalls lässt sich durch konsequente, jahrelange Arbeit eine Marke in den Gewichtungen der bereits vorhandenen Charakter-Eigenschaften verstärken oder abschwächen, wie das zum Beispiel bei Audi über einen Zeitraum von fast dreißig Jahren gelungen ist.

Kernkompetenzen definieren Marken

Normalerweise werden Produkte oder Dienstleistungen als Marke gebrandet. Aber auch Personen oder Länder können sich als Marken verstehen und sollten so gemanagt werden.

Alles und jeder – ja selbst Personen sind eine Marke für sich. Länder, religiöse Gemeinschaften, Firmen, Industrien, soziale Verbände – alle Organisationen folgen den Gesetzen der Marken. Genauso wie Politiker, Comedians, Sportler, Maler oder Musiker. Ja, profilierte Persönlichkeiten des öffentlichen Lebens sind auch Marken. Egal ob Albert Einstein,

Charlie Chaplin oder Marilyn Monroe. Alle diese Persönlichkeiten haben eine Kernkompetenz, für die sie stehen.

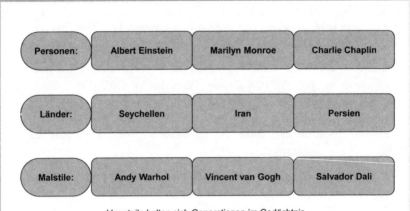

Vorurteile halten sich Generationen im Gedächtnis.

Abbildung 25: Marken markieren Kernkompetenzen

Auch bekannte Persönlichkeiten, Maler, Komponisten, Länder oder Städte sind gut beraten, sich wie Marken eindeutige, eigenständige Kernkompetenzen und wieder erkennbare Gestaltungs-Merkmale (Piktogramme) zuzulegen. Denn genau genommen ist jeder von uns eine Marke – und sollte die Gesetze des Marketings für seine Selbstvermarktung einsetzen.

Albert Einstein ist hochintelligent. Charlie Chaplin besonders lustig. Marilyn Monroe hat eine erotische Ausstrahlung. Dafür sind sie überall bekannt. Man muss sich auf eine Kernkompetenz spezialisieren und diese für sich besetzen. Das ist wesentlich besser, als von allem nur ein bisschen zu sein.

Daher ist es uns auch weniger wichtig, wie erotisch Einstein, wie lustig die Monroe und wie intelligent oder dumm Charlie Chaplin in Wirklichkeit waren. Wichtig ist nur, dass die Personen einzelne Dimensionen im Sinne von Kernkompetenzen für sich besetzt haben. Genauso wie klassische Marken.

Umpositionieren ist nicht möglich

Sind diese Vorurteile einmal gelernt, so ist es so gut wie unmöglich, sie gravierend zu ändern. Stellen Sie sich bloß kurz vor, Charlie Chaplin hätte sich in den Kopf gesetzt, künftig lieber so sexy zu sein wie die Monroe. Allein die Vorstellung ist geradezu absurd.

Und genauso ist es mit Marken:

Marken können eine einmal definierte Kernkompetenz nicht einfach aufgeben. So erklärt sich auch das Misslingen vieler Marken-Relaunches. Glaubwürdig kann man nur einzelne, bereits vorhandene Dimensionen verstärken oder abschwächen. Aber die Neupositionierung einer etablierten Marke ist so gut wie unmöglich.

Denn hinter unterschiedlichen Vorurteilen/Konzepten stehen gleichzeitig auch immer ANDERE Zielgruppen. Das bedeutet für jede gravierende Konzept-Veränderung gleichzeitig auch einen völligen Neuanfang bei einer anderen, neuen Zielgruppe.

Mit der Konsequenz, dass man meistens erheblich mehr Aufwand hat als bei einer völligen Neueinführung: Nach dem Umpositionieren verliert man häufig zu viele bisherige Bestandskunden und kann gar nicht schnell genug die neue Zielgruppe für sich gewinnen.

Denn bei der Umpositionierung einer Marke müssen die Zielgruppen nicht nur das neue Konzept erlernen, sondern zusätzlich die alten Inhalte quasi „ent-lernen". Wobei leicht nachvollziehbar ist, dass das alte und neue Konzept als gleichzeitig konkurrierende Informationen oft erhebliche Verwirrung auslösen.

Wenn man eine gute, bekannte Marke in der Öffentlichkeit werden will, dann muss man für einen Vorteil eindeutig Position beziehen. Als Marke sollte man sich die zukünftige Kernkompetenz gut überlegen und erst dann dieses Positioning festschreiben und aktiv managen. Denn wenn man seine Position nicht ständig aktiv verstärkt, wird man passiv in eine Position hineingedrängt.

Warum Me-toos nicht funktionieren

Hat sich eine Marke bereits in einem Markt etabliert, so ist es unmöglich, mit einer neuen Marke erfolgreich genau den gleichen Platz einzunehmen. Das ist ein physikalisches Gesetz, denn auf einem Platz, auf dem schon jemand sitzt, kann nicht gleichzeitig noch ein anderer sitzen. Man kann auch niemanden überholen, in dessen Fußstapfen man tritt.

Die Versuchung scheint groß zu sein, ein erfolgreiches Konzept einfach zu kopieren. Gerade wenn das Marktpotenzial nicht sehr groß ist, ist das kaum eine sinnvolle Strategie. Unsere Empfehlung: Suchen Sie sich lieber eine eigenständige Position. Nutzen Sie zum Beispiel eine erkennbare Schwäche Ihres Wettbewerbers aus. Aber Ihre Kernkompetenz muss sich unter allen Umständen vom Konkurrenten differenzieren. Natürlich muss man dabei die Größen und das Wachstum der Teilmärkte berücksichtigen.

Zwei Marken können nicht erfolgreich das gleiche Konzept in einem Markt besetzen. Warum nicht?

Sie können versuchen, Charlie Chaplin oder Marilyn Monroe zu kopieren, aber sie werden als Kopie nie so erfolgreich sein wie das Original. Warum sollte jemand die Nachahmung kaufen, wenn er für das gleiche Geld auch das Original bekommen kann.

Eine Me-too-Marke kann meistens nur über einen deutlich geringeren Preis am Markt bestehen und ist damit genau genommen kein reines me-too mehr, sondern ein me-too-but-cheaper: Und damit wieder ein eigenständiges Konzept. Mit dem man aber wegen der geringeren Spanne erheblich schwieriger Geld verdienen kann.

Machen Sie das Gegenteil

Es gibt also nur eine einzige echte Alternative – finden Sie Ihr eigenes Konzept. Am besten, Sie versuchen gar nicht erst sich an einen Wettbewerber anzugleichen, sondern machen genau das Gegenteil. Prüfen Sie, ob nicht eine Marktlücke beim genauen Gegenteil des scheinbar dominanten Konkurrenten besteht:

Setzt der eine auf die Kinder wie McDonalds, dann prüfen Sie, ob sich nicht Erwachsene nach der Pubertät deutlich von den Kindern abgrenzen wollen. Und optimieren Sie Ihr Angebot wie Burger King mit erwachsenem Fastfood.

Besetzt ihr Wettbewerber eher die älteren und etablierten Zielgruppen wie Coca Cola, so sprechen Sie mit aktuellen Pop-Stars und einer noch süßeren Rezeptur die Teenager an. Wie Pepsi.

Ist ihre Sektmarke eher besonders trocken wie Mumm extra dry und im Image eher für die Feier eines Geschäfts-Abschlusses unter (männlichen) Managern positioniert, so sprechen Sie mit einem neuen Marken-

Angebot wie Jules Mumm eher die weiblichen Sekttrinker an und bieten Sie eine eher fruchtige, sprich süßere Produkt-Variante an.

Assoziieren die Verbraucher mit Rocher eher älteres, männliches, dunkleres, etabliertes Gold-Ambiente mit einem dunklen Schokoladen-Produkt, so schaffen Sie mit Raffaello ein eher leichtes, weißes Produkt ohne Schokolade, mit Assoziationen von leuchtendem Sonnenschein, jungen Frauen und südlicher Urlaubs-Atmosphäre.

Ersticken etablierte Biermarken in Wappen-Heraldik und einem proletarischen Dumpfbacken-Verwender-Image, so schaffen Sie eine junge Thriller-Marke wie Beck's Gold, die Bier auf einmal wieder als zeitgemäßes Getränk erscheinen lässt.

Konzepte sind der Ursprung von Marken

Am Anfang dieses Kapitels haben wir festgestellt, dass sich Konzepte über Eigenschaften definieren lassen müssen. Und diese Eigenschaften lassen sich bei konsequenter Anwendung zu Kernkompetenzen verdichten. Die Markierung durch die Marke dient genau genommen nur noch der schnellen, eindeutigen Wieder-Erkennbarkeit.

Marketing ist also nichts anderes als der Versuch, bestimmte Vorurteile als Kernkompetenzen in die Köpfe der Verbraucher zu bekommen. Aber welche Vorurteile sollen dies sein? Wie schaffen wir ein systematisches, vollständiges Arbeits-Instrument, um alle an der Marke beteiligten Fachabteilungen wie die Produktentwicklung, die Verpackungs- und Produktions-Spezialisten und die Zuständigen für die Werbung auf dieses gemeinsame Ziel auszurichten?

Wir brauchen ein schriftliches Konzept, ein Papier mit allen relevanten Informationen: Ein Positioning.

4.2 Was sind die Bestandteile eines Positionings?

Was ist das Positioning?

Da das Positioning quasi die Daseinsberechtigung für das Angebot des Unternehmens beschreibt, gibt es auch kaum etwas Wichtigeres als dieses verbale Konzept. Das Positioning sagt, wofür das Marken-Angebot steht. Alles andere, was im Unternehmen geschieht, erfolgt im

Wesentlichen nur, um das Positioning mit Leben zu erfüllen. Oder sollte zumindest darauf ausgerichtet sein.

Das Brand Positioning Statement ist der Ausgangspunkt für sämtliche Marken-Aktivitäten. Wir müssen sicherstellen, dass niemand in der Firma gegen das Positioning verstößt, damit alle Aktivitäten in die gleiche Richtung laufen und sich gegenseitig weiter verstärken.

Es ist eine verbindliche Festlegung, anhand derer man abgleichen kann, ob ALLE intern getroffenen Entscheidungen mit dem Positioning übereinstimmen, damit alles in die gleiche Kasse einzahlt.

Das Brand-Positioning bestimmt alle anderen markenbildenden Maßnahmen.

Es fasst die strategische Vision zur Entwicklung der Marke zusammen. Im Positioning wird ausgedrückt, was die Konsumenten von unserer Marke in Abgrenzung zu den Wettbewerbern wahrnehmen, denken und fühlen sollen.

Das Positioning ist die Basis, auf der alle Entscheidungen für den Marketing-Mix wie Produkt, Design, Werbung etc. getroffen werden müssen.

Was muss in einem Positioning stehen?

Egal wie ein Positioning formal aussieht, Sie brauchen möglichst knapp und auf einer Seite ein Konzept-Papier, das die Ziele Ihres Marken-Angebotes so eindeutig definiert, dass es für alle über einen längeren Zeitraum als Entscheidungs-Grundlage dienen kann.

Um ein pragmatisches Beispiel vorzulegen, haben wir einfach einmal unser eigenes Positioning für unsere Marke „MarkenMonopole" in der Grafik abgebildet, um anhand dieses Beispiels die notwendigen Bestandteile eines Positionings zu erklären.

Ein gutes Positioning ist insofern ziemlich komplex, dass sich alle oben genannten Dimensionen gegenseitig bedingen. Man muss also das künftige Gesamtkonzept schon im Kopf haben, wenn man es schriftlich definiert.

Einige wichtige Bestandteile sollten im Positioning nicht fehlen. Dazu zählen insbesondere Zielgruppe, Brand Benefit, Reason Why oder Proof, Image und Tonality.

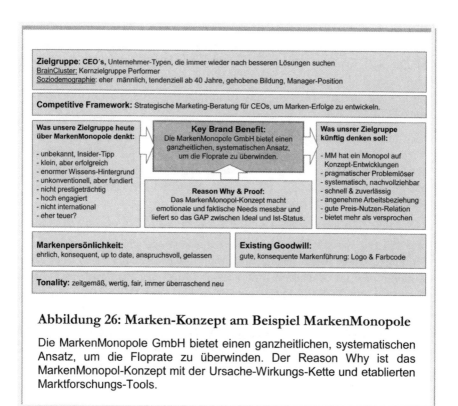

Zielgruppe: CEO´s, Unternehmer-Typen, die immer wieder nach besseren Lösungen suchen
<u>BrainCluster:</u> Kernzielgruppe Performer
<u>Soziodemographie:</u> eher männlich, tendenziell ab 40 Jahre, gehobene Bildung, Manager-Position

Competitive Framework: Strategische Marketing-Beratung für CEOs, um Marken-Erfolge zu entwickeln.

Was unsere Zielgruppe heute über MarkenMonopole denkt:
- unbekannt, Insider-Tipp
- klein, aber erfolgreich
- enormer Wissens-Hintergrund
- unkonventionell, aber fundiert
- nicht prestigeträchtig
- hoch engagiert
- nicht international
- eher teuer?

Key Brand Benefit:
Die MarkenMonopole GmbH bietet einen ganzheitlichen, systematischen Ansatz, um die Floprate zu überwinden.

Reason Why & Proof:
Das MarkenMonopol-Konzept macht emotionale und faktische Needs messbar und liefert so das GAP zwischen Ideal und Ist-Status.

Was unsrer Zielgruppe künftig denken soll:
- MM hat ein Monopol auf Konzept-Entwicklungen
- pragmatischer Problemlöser
- systematisch, nachvollziehbar
- schnell & zuverlässig
- angenehme Arbeitsbeziehung
- gute Preis-Nutzen-Relation
- bietet mehr als versprochen

Markenpersönlichkeit:
ehrlich, konsequent, up to date, anspruchsvoll, gelassen

Existing Goodwill:
gute, konsequente Markenführung: Logo & Farbcode

Tonality: zeitgemäß, wertig, fair, immer überraschend neu

Abbildung 26: Marken-Konzept am Beispiel MarkenMonopole

Die MarkenMonopole GmbH bietet einen ganzheitlichen, systematischen Ansatz, um die Floprate zu überwinden. Der Reason Why ist das MarkenMonopol-Konzept mit der Ursache-Wirkungs-Kette und etablierten Marktforschungs-Tools.

Competitive Framework

Übertragen auf die Marke muss klar sein, in welcher Produktkategorie man überhaupt sein Geschäft künftig betreiben will. Vielleicht helfen einige konkrete Beispiele, diese Problematik zu verdeutlichen.

In welchem Markt soll meine Marke etabliert werden? Welche Kategorien oder Warengruppen versuche ich zu dominieren? In welchem Wettbewerbsumfeld soll das Unternehmen mitspielen?

Das Problem hierbei ist, dass man die Märkte, in denen man agieren will, mehr oder weniger frei definieren kann. Dementsprechend steigen oder sinken auch die Marktanteilszahlen. Granini ist eindeutiger Marktführer bei dickbauchigen Flaschen mit Noppen. Microsoft hat zum Beispiel einen hohen Marktanteil bei Betriebssystemen, aber einen kleineren Marktanteil bei Software-Entwicklungen.

Für McDonalds ist es beispielsweise wichtig zu wissen, mit welchen anderen Märkten sie konkurrieren. Wer sind die Wettbewerber von McDonalds? Ist es nur Burger King (Burger), KFC mit Hähnchen, Pizza Hut oder sind es alle American Diner oder gar alle Restaurants? Oder sind es alle Bäcker, Metzger und Tankstellen? Und sogar noch Schoko-Riegel?

McCain stand beispielsweise vor der Frage, in welchem Markt der Verbraucher die Marke McCain einordnen soll. McCain stellt hauptsächlich Tiefkühl-Backofen-Pommes her. Sollte McCain seine Sortiments-palette nun in Richtung auf andere Kartoffel-Produkte bis hin zu Kartoffel-Püree und Klößen ausweiten?

Oder sich eher mit Tiefkühl-Produkten in Richtung Fastfood ausweiten und künftig das McDonalds-Sortiment einschließlich Burger, Chicken McNuggets und Milch-Shakes anbieten? Oder sollte man sich über die Zubereitung im Backofen definieren? Oder als Fastfood und das Sortiment um Tiefkühl-Pizzas wie Pizza Hut und Hähnchen-Teile wie Kentucky-Fried-Chicken ergänzen?

Natürlich könnte McCain theoretisch in allen diesen Bereichen tätig sein. Aber eine Marke braucht immer EINE Kernkompetenz. Und eine Marke kann eben nur eine und nicht zwei oder drei wirkliche Kernkom-petenzen haben.

Es ist daher wichtig zu definieren, wofür die Marke wirklich steht. McDonalds beispielsweise steht für schnelle Burger und nicht für Hähnchenteile oder Pizza, obwohl letzteres auch als Fastfood gilt.

Worauf wir hinaus wollen: Die Auswahl der Warengruppe, in der man eine bedeutende Rolle spielen will, ist von entscheidender Bedeutung.

Denn darüber definiert sich nicht nur die Marktgröße und damit das mögliche Marktpotenzial, sondern es führt gleichzeitig auch zu einem völlig unterschiedlichen Wettbewerbs-Umfeld, zu anderen Sortimenten und Marktauftritten – und zu verschiedenen Zielgruppen!

Zielgruppe

Denken Sie noch einmal zurück an die Mann-Analogie: Um die Zielgruppe richtig definieren zu können, muss man sich vorab natürlich entscheiden, welche Rolle der Mann ausfüllen soll: Vater, Ehemann, Patient, Angestellter?

Demonstriert man an dem Mann aus unserer Mann-Analogie die Zielgruppen-Beschreibung, so wird schnell nachvollziehbar, warum eine rein soziodemografische Definition in den seltensten Fällen ausreichend ist: Geschlecht und Alter allein definiert noch keine Rolle als Vater oder Patient.

Soll heißen: Um bei allen Beteiligten ein einheitliches Zielgruppenbild zu verankern, ist es enorm hilfreich, dieses zusätzlich anhand möglichst differenzierender psychologischer Merkmale zu beschreiben. Möglichst so plastisch, dass man sich einen klischeehaften Stellvertreter bildhaft vorstellen kann.

Dieses Buch im Wesentlichen mit der WER- und WARUM-Frage: Das Konzept, wofür eine Marke im Kern steht. Die Kernkompetenz einer Marke. Die Positionierung wird somit aus der Bedürfnisstruktur unserer Zielgruppe logisch abgeleitet.

In den letzten zwanzig Jahren haben wir die Marktforschung weiter entwickelt. So dass mit dieser MarkenMonopol-Forschung die besten Methoden vorliegen, die wir kennen, um die WARUM-Frage richtig zu beantworten. Haben Sie die WARUM-Frage sicher und richtig beantwortet, dann lässt sich daraus ein sinnvolles Marken-Versprechen formulieren.

Dieses Marken-Versprechen ist von entscheidender Bedeutung und muss für das Unternehmen so konsequent besetzt werden, dass der Wettbewerber es nur noch schwer erfolgreich nachahmen kann. Erst wenn wir einen solchen eigenständigen Verbraucher-Nutzen haben, dann ist es Zeit für die verantwortlichen Fachabteilungen, das Konzept möglichst kreativ umzusetzen.

Key Brand Benefit

Der wichtigste Bestandteil des Positionings und damit das Schlüssel-Element für den Erfolg einer Marke ist die Beantwortung der WARUM-Frage: Wir haben ausführlich erklärt, dass jedes Angebot quasi als Antwort die LÖSUNG eines Problems oder Wunsches darstellt.

Deshalb ist es von so entscheidender Bedeutung, die emotionalen Verbraucher-Defizite zu verstehen und nachvollziehen zu können. Denn nur basierend auf diesem Wissen lässt sich ein entsprechendes Angebot und ein Versprechen ableiten, welches den Käufer ausreichend motiviert, unser Angebot unbedingt haben zu wollen.

Soll heißen: Es ist zwingend notwendig, möglichst viel Hintergrundwissen über die psychologischen Befindlichkeiten der Zielgruppe zu bekommen. Es geht darum, sich nicht mit der ersten, offensichtlichen Antwort zufrieden zu geben, sondern immer noch etwas tiefer zu bohren, um die emotionale Mechanik hinter dem Verhalten zu verstehen.

Denn richtig viel Geld wird offenbar immer nur mit zwei Basis-Systemen verdient: Entweder es existiert ein faktischer Leidensdruck, zum Beispiel bei einer Krankheit wie AIDS. Oder die Zielgruppe spürt emotionalen Leidensdruck, weil sie jung, reich und schön sein will, und so das Gefühl hat, dem eigenen gewünschten Ideal nicht ausreichend zu entsprechen.

Nimbus Schönheit

Lassen Sie mich das an einem konkreten Beispiel verdeutlichen: H&M. Hennes & Mauritz ist eine sehr erfolgreiche Modekette, mit jahrelangem erfolgreichem Wachstum. Deren Zielgruppe sind offensichtlich eher junge Frauen.

Was also könnten die Defizite der Zielgruppe sein, auf die H&M eine so gute Lösung gefunden hat, dass die Marke ständig neue Begehrlichkeit wecken kann?

Okay, sie verkaufen Textilien. Modische Textilien. Warum kaufen diese jungen Frauen das? Wo sitzt das Defizit? Was löst die Begehrlichkeit aus? Warum besonders bei Frauen? Warum bei jungen Frauen?

Mode soll attraktiver machen. Die Frauen fühlen sich schöner. Aber warum ist Schönheit so wichtig? Und warum besonders für Frauen? Und weniger für Männer?

Ganz offensichtlich folgen die Frauen schon seit Jahrtausenden einem ihnen selbst nicht immer bewussten Programm. In den letzten Jahren hat sich ein spezieller Zweig der Verhaltensforschung, die Sozio-Biologie, diesem Thema gewidmet und Erstaunliches herausgefunden:

Unterschiede in der Geschlechterrolle lassen in den Augen der Sozio-Biologen biologische Anpassungsprozesse erkennen: Denn die „Pro-Kopf-Investition" in Fortpflanzung ist zwischen den Geschlechtern sehr verschieden, was sich schon in der Anzahl der möglichen Kinder ausdrückt.

Das hat Konsequenzen.

Männer finden Frauen sexy, die Indikatoren von Gesundheit und Fruchtbarkeit tragen. Umgekehrt suchen Frauen bei Männern eher nach Indikatoren für die soziale Platzierung: Die Biologie der Liebe ist eingebettet in eine Ökologie der Liebe. Das Tröstliche daran ist, dass die unsentimentale Nützlichkeit der kalkulierenden Verhaltenssteuerung uns Männern verborgen bleibt.

Loriot spottet: Männer und Frauen passen einfach nicht zueinander! – Man kann sie nur fruchtbar miteinander kreuzen.

Unablässig und unerbittlich taxieren wir alles und jeden: Was ist das für ein Mensch? Und kommen in Sekundenbruchteilen zu einem zwar vorläufigen, aber erbarmungslosen Urteil. Meist kann sich dieser erste Eindruck nur auf eines stützen: das Aussehen.

In diesem Spiel ist im Vorteil, wer gut aussieht! Nämlich derjenige, den seine Mitmenschen auf den ersten Blick attraktiv und anziehend finden – in einem kurzen Begriff zusammengefasst: der schöne Mensch.

Die Macht der Schönheit ist keine Erfindung schwärmerischer Poeten, sondern harte und gern verleugnete Alltagswirklichkeit. Das darf heute als durch harte Forschungs-Ergebnisse erwiesen gelten. Schönheit ist unauflöslich mit unserer Sexualität verknüpft.

Der erste Eindruck und die häufig zitierte „Ausstrahlung" wurde 1972 von der Verhaltsforscherin Karen Dion wissenschaftlich bewiesen: Der so genannte „Nimbus-Effekt" bedeutet, dass schöne Menschen nicht nur den Vorteil der Schönheit selbst haben.

Die Schönheit scheint darüber hinaus mit einem Nimbus fast aller erdenklichen guten Eigenschaften umgeben zu sein und immer mit folgenden Aspekten assoziiert zu werden: Stärke, Vertrauenswürdigkeit, Umgänglichkeit, Leidenschaftlichkeit, Warmherzigkeit, Ausgeglichenheit, Erfolg, Glück: Knapp ausgedrückt mit allem, nur nicht mit Intelligenz.

Es ist, als gelte das Stereotyp: „Was schön ist, ist auch gut!"

Gutaussehende werden besser behandelt, verdienen mehr, werden bei Einstellungen bevorzugt, erregen vor Gericht weniger Verdacht und werden milder bestraft. Schon wenn man zwei bis drei Monate alten Säuglingen Bilder von Gesichtern zeigt (die Erwachsene entweder eindeutig schön oder unattraktiv finden), beschäftigen sich die Kleinkinder länger mit den attraktiven.

Schon bei Säuglingen also, die in diesem Alter überhaupt gerade erst Gesichter erkennen lernen.

Die Forschung beweist inzwischen: Schönheit ist im Wortsinn Sex-Appeal. Männer und Frauen stimmen in 37 Kulturen darin überein, aber Männer legen wesentlich größeren Wert auf das Aussehen ihrer Geschlechtspartnerinnen als umgekehrt.

Und die Relevanz dreht sich bei der Beurteilung der Männer um: Wichtiger als das Aussehen war den Frauen „Ehrgeiz und Fleiß" des Mannes. Die finanziellen Verhältnisse des Partners sind Frauen viel wichtiger als Männern, dennoch finden beide Geschlechter Schönheit noch wichtiger als Geld.

Unter dem Begriff Status werden Ansehen, Einfluss, Dominanz und Einkommen zusammengefasst. Diese Attribute wirken auf Frauen fast so sexy wie weibliche Schönheit auf Männer. Daher könnte man sagen, die Klatsch-Presse über die Prominenten sind sozusagen die Porno-magazine der Frauen!

Ob wir es wahrhaben wollen oder nicht: Status ist eine alternative Möglichkeit zum Schönheits-Nimbus, um (vor allem für die nicht so reich mit Schönheit bedachten) durch Einkommen, Dominanz und Einfluss die „Liebens-Wertigkeit" zu erhöhen. Oder wie der Philosoph und Autor Alain de Botton den „Status" auf den Punkt bringt: Währung Liebe!

Soll heißen: Schönheit mit Schwerpunkt bei Frauen und Status bei Männern scheinen ein soziobiologisches Basis-Programm zu sein, das übergreifend einen Erklärungs-Hintergrund für die Wahl vieler Marken bietet: Denn unsere Welt liebt nur Winner! Und da möchte jeder erkennbar, oder wenigstens für sich selbst, dazugehören.

Nimbus Schönheit bei H&M

Damit ist das Zielgruppen-Defizit der H&M-Kunden geklärt: Sie wollen die Chancen, als schön wahrgenommen zu werden, durch modische Textilien erhöhen. Und daraus erklärt sich auch die dominante Alters-gruppe der Frauen, nämlich jene, die noch im Wettbewerb um einen Partner stehen.

Übersetzt in Eigenschaften, die in Kernkompetenzen für H&M münden, bedeutet das: Aktuelle, junge, preiswerte Mode, die notfalls auch einmal bei der Produktqualität Abstriche macht.

Gelingt es H&M, diese Kernkompetenzen weiterhin kontinuierlich zu bedienen, muss man sich um Umsatz, Gewinn und Firmenwert auch künftig keine Sorgen machen.

Reason Why

Es gibt noch einige wichtige Möglichkeiten, die Glaubwürdigkeit und damit die Stärke des Konzept-Versprechens weiter zu erhöhen: Indem wir unseren Anspruch mit einer nachvollziehbaren, möglichst faktischen Begründung quasi beweisen.

- Audi verspricht bessere Bodenhaftung und damit überlegene Fahrqualitäten durch das Quattro-System.

- Die Vogelnahrung Trill verspricht mit Jod S-11-Körnern Vorbeugung gegen die Schilddrüsen-Erkrankung bei Wellensittichen.

- Nur der Iglo-Spinat schmeckt durch den „Blubb" Sahne und Gewürze so unvergleichlich gut.

- Valensina stellt durch das Fruchtfleisch im Orangensaft eine gefühlte Nähe zum „Goldstandard" des frisch gepressten Orangensaftes her.

- Die Nudelmarke Pur aus dem Hause 3-Glocken wurde für die Firma der wichtigste Renditebringer. Hier war der Reason Why „Nichts", also alles Unnötige wegzulassen: keine Konservierungs- oder Farbstoffe, keine Geschmacksverstärker. Und so liest sich die Zutatenliste: „Hartweizengrieß, Mineralwasser. Und sonst nichts!"

3 Glocken „Genuss Pur" – der Name ist Programm!

„Genuss Pur" ist ein Beispiel dafür, wie sich ein neues Angebot dauerhaft erfolgreich in schwierigen, weil preisgetriebenen Märkten, durchsetzen kann. Mit geringer kommunikativer Unterstützung, aber mit einem starken Konzept, einem klar positionierenden Packungsauftritt und eigenständigem Produktversprechen.

Die Kernelemente des Konzepts sind hier bereits im Namen „Genuss Pur" verankert: Die moderne Nudel für die leichte Küche – aus reinem Hartweizen, frischem Quellwasser, sonst nichts. Der fast reduziert zu nennende Packungsauftritt folgt konsequent diesem Anspruch. Im ansonsten von der „guten Eiernudel" geprägten deutschen Nudelmarkt hat sich „Genuss Pur" zu einem eigenständigen Mitspieler in der stärker von Lifestyle geprägten Pastawelt entwickelt.

Grundlage für den Erfolg war die strikte Orientierung an den in der GAP-Studie herausgearbeiteten Verbraucherbedürfnissen.

Vor zehn Jahren im deutschen Markt eingeführt, zählt „Genuss Pur" heute zu den erfolgreichsten Nudelangeboten, und die Abverkaufszahlen steigen kontinuierlich weiter. Obwohl die Marke die ersten acht Jahre keine klassische Werbung zur Unterstützung bekam, entwickelte sich der Umsatz und Marktanteil stetig positiv weiter.

Die Mechanik dahinter ist leicht nachvollziehbar: Wir Menschen halten Ursache-Wirkungs-Ketten für glaubwürdiger als unbegründete Versprechen. Ohne Begründung wird das Versprechen nur als Behauptung ohne Beweis erlebt. Selbst wenn der Einfluss von Persil Mega-Perls auf die Waschleistung für einen normalen Verbraucher nicht direkt nachvollziehbar ist, stärken die Mega-Perls die Glaubwürdigkeit.

In vielen Fällen lässt sich aus einer solchen Begründung ein einzigartiger Produktvorteil, eine unique-selling-proposition (USP) ableiten. Ein USP verschafft der Marke einen zusätzlichen Abgrenzungs-Vorteil und kann vom Wettbewerb nur schwer nachgeahmt werden.

Wichtig ist bei Reason Whys, dass sie immer ausreichend konkret sind. Gute Qualität ist völlig diffus. Man braucht ein klares Beispiel, einen Beweis, woran man das Qualitäts-Versprechen festmachen kann.

Gute und schlechte Reason Whys

Würde BMW sagen, unsere differenzierende Idee ist, dass wir eine bessere Qualität haben, dann steht der Verbraucher staunend davor und wird sich fragen, was BMW wohl damit meint. Eine hohe Qualität äußert sich für jeden Verbraucher anders.

Es gibt viele Eigenschaften, die für ein Auto wichtig und von hoher Qualität sein können: geringer Verbrauch, besondere Sicherheits-Systeme, gute Verarbeitung, langlebige Motoren, besonders klein oder besonders geräumig, hochwertige Ausstattung usw. Also sollte eine Begründung für eine versprochene Leistung immer konkret, nachvollziehbar und möglichst sichtbar sein.

Auch die Größe und das Alter eines Unternehmens ist ein gern genommener Reason Why, aber wohl nur selten das entscheidende Kriterium der Marken-Bevorzugung. Marktführer zu sein oder seit 1492 auf dem Markt zu sein, ist vielleicht für eine Bank oder Versicherung ein indirekter Vertrauens-Beweis, dass diese Firma vermutlich auch noch in einigen Jahren auf dem Markt ist. Mehr nicht.

Tonality

Zusätzlich kann man den Marken-Charakter noch durch die Tonality weiter verstärken: Ist der Marken-Auftritt eher jung und unkonventionell, oder eher gediegen und konservativ. Nicht nur durch die Inhalte von Fotos, sondern auch durch Schrifttypen und Bildauffassungen lässt sich die gefühlte emotionale Nähe sehr subtil steuern.

Bei der Marke Raffaello wurde zum Beispiel die hohe Wertigkeit des Verpackungs-Auftritts bewusst zurückgenommen, weil ein weniger elitäres Packungs-Design das Produkt für den täglichen Konsum akzeptabel erscheinen lässt, statt es nur für wenige besondere Gelegenheiten zu positionieren.

Es geht also darum, im Sinne der Selbst-Ähnlichkeit einen in sich geschlossenen, sich gegenseitig selbst verstärkenden Auftritt und Eindruck zu erreichen. Selbst-Ähnlichkeit nennt man einen einheitlichen Charakter, der trotz vieler Unterschiede im Detail in unserem Fall eine Marken-Typik spürbar werden lässt.

Etwa vergleichbar mit dem individuellen Stil eines Malers wie Chagall, der immer wieder erkennbar bleibt, selbst wenn die Motive wechseln, egal ob sie als Skulptur oder Bild, Ölgemälde oder Lithographie umgesetzt werden.

Mit der Konsequenz, dass der Verbraucher schon am Stil-Code den Auftritt von MediaMarkt, Lufthansa oder T-Mobile erkennt.

Vorher/Nachher-Abgleich

Unterschiede lassen sich am leichtesten im direkten Vergleich erkennen: Deshalb empfehlen wir im Positioning dringend eine knappe Gegenüberstellung (Vorher/Nachher) der wichtigsten zu verändernden Elemente.

Diese Dimensionen schriftlich zu formulieren, zwingt alle Beteiligten, sich auf einen gemeinsamen Nenner der Ausgangs-Situation und der geplanten künftigen Ziele zu einigen. Ziele schriftlich festzulegen, beugt Missverständnissen vor, klärt eventuell unterschiedliche Gewichtungen und löst notwendige Diskussionen aus.

Damit haben wir jetzt alle wichtigen Bestandteile für das Marken-Konzept, das Positioning zusammen. Da das Positioning von so großer Bedeutung für den künftigen Erfolg der Marke ist, werden wir in den nächsten beiden Kapiteln anhand von Beispielen über unsere Erfahrungen berichten: Damit Sie besser erkennen können, wann es sich um gute und wann um schlechte Konzepte handelt.

4.3 Was ist beim Positioning zu beachten?

Erfolgreiche Konzepte sind einfach

Die meisten erfolgreichen Geschäftsideen sind überraschend einfach. So einfach, dass man sich rückwirkend häufig fragt, warum man nicht selbst darauf gekommen ist:

- Statt Bier mit Tradition und Heraldik – Beck's als zeitgemäßes Getränk zu verkaufen.

- Pralinen vom Häkeldecken-Image zu entstauben und Marken wie MonCheri, Rocher und Raffaello anzubieten.

- Gewürz-Mischungen als Küchenhelfer unter Maggi Fix zu vermarkten.

- Mit Magnum das erste Impulseis für Erwachsene zu launchen.

- Das Wundertüten-Prinzip als Ferrero Überraschungs-Ei anzubieten.

- Konzentration auf ein kleines Sortiment von Schnelldrehern, preisgünstig wie Aldi.

- Überteuerten Optiker-Fachhandel unterbieten, Brillen ohne Zuzahlung wie Fielmann.

- Frikadelle zwischen Brötchen als Burger wie McDonald zu verkaufen.

- Durch Versandhandel den Computer-Zwischenhandel auszuschalten wie Dell.

Gute Konzepte scheitern oft an interner Politik

Aber oft scheiterten gute Konzepte an politischen Schwierigkeiten: So zeigten Psychodrama und GAP-Analyse im Zahncreme-Bereich, dass die ursprünglich starke Marke Signal mit einer eindimensionalen Karies-

Positionierung immer weniger Kaufpräferenzen auf sich vereinigen würde.

Es wurde deutlich, dass sich der Markt ganz eindeutig in Marken, die konkrete Probleme lösen (wie Sensodyne für empfindliche Zähne) und in Marken, die prophylaktisch Probleme abwehren, unterteilte. Zu der letzteren Gruppe zählt insbesondere Odol-med3 mit einem umfassenden Zahnschutz für die Verbraucher, die gerade keine akuten Probleme haben.

Die Konsumenten wären nicht mehr bereit, für jedes mögliche Zahnproblem ein eigenständiges Produkt zu verwenden: Der Wettbewerber Blend-a-med machte mit inzwischen neun Varianten (bis hin gegen Zahnstein) zusammen weniger Umsatz als früher mit einer einzigen Basis-Variante. Erst vor einigen Jahren hat Blend-a-med endlich complete plus auf den Markt gebracht.

Unsere Empfehlung bei unserem damaligen Kunden Signal traf auf taube Ohren. Statt einem Rundum-Schutz wurde der größte Kariestest der Welt europaweit beworben. Die Marke verlor Marktanteile bis zur Bedeutungslosigkeit. Aufgestiegen zum absoluten Marktführer ist Odol-med-3, die Zahncreme mit der Rund-um-Prophylaxe.

Der Markt ist gerecht!

Auf die Kernkompetenz fokussieren

Es steckt viel Wahrheit in der Aussage, dass man seine Geschäftsidee auf einen Bierdeckel schreiben können muss. Wenn man mehr Platz benötigt, dann sollte man noch einmal klären, ob es wirklich eine gute, schnell nachvollziehbare Geschäftsidee ist.

Marken sollten in der Kernkompetenz für drei oder vier Begriffe stehen, die das erfolgreiche Marken-Konzept beschreiben. So ist H&M weiblich, jung, modisch, preiswert. Klingt einfach, ist aber ziemlich schwer, wenn man die wirklich wichtigen Dimensionen treffen will. Inzwischen gibt es viele Nachahmer, die auch versuchen, auf das Konzept von H&M aufzuspringen.

Also gut, hier kommt eine Aufgabe für Sie: Versuchen Sie es selbst. Mit welchen vier Eigenschaften grenzt sich Karstadt von seinem Wettbewerber Kaufhof ab? Was sind die zentralen Dimensionen, die für ein Warenhaus wieder so viel Faszination auslösen, dass nicht nur täglich mehr als 2 Millionen potentielle Kunden die Häuser besuchen, sondern auch mehr als zehn Prozent davon tatsächlich einen Kauf tätigen. Stellen

Sie sich einmal vor: Bei täglich mehr als 2 Millionen gehen rund 90 Prozent der Frequenz ohne einen Kauf aus dem Karstadt-Haus ...

Wir haben 12 Monate lang geforscht, im Hause Karstadt ist die Lösung bekannt. Aber es fehlt bisher die interne Kraft, sie konsequent umzusetzen. Und solange wird die Umsetzung der vorhandenen Begehrlichkeiten der Zielgruppen in Käufe ausbleiben ...

Wo immer Marken mit sinkenden Marktanteilen, Umsatzrückgängen, einfach gesagt mit Problemen kämpfen, stehen die Chancen hoch, dass die Hausaufgaben noch nicht gemacht wurden, für das Angebot die drei, vier für den Verbraucher relevanten Elemente zu definieren.

Vielleicht prüfen Sie selbst einmal, ob Sie für Ihre Marke die Kernkompetenzen definieren können? Und einen Schritt weiter: Können die meisten ihrer Kunden aufgrund der Nennung Ihrer Kernkompetenzen spontan und ungestützt ihre Marke richtig assoziieren?

Kundenbeispiel: Karstadt

Zurück zu Glanz und Glamour

Als wir bei Karstadt im Jahr 2005 angefangen haben, war das Haus bereits voll von Beratern von McKinsey und Roland Berger, die fleißig damit beschäftigt waren, die Kosten des kriselnden Konzerns zu senken. Aber nur das Senken von Kosten heißt noch nicht, dass es auch wieder Wachstum gibt. Aus diesem Grund hat uns der Vorstand damit beauftragt, ein neues Konzept für Karstadt zu entwickeln, wie Umsatz und Rendite wieder zu steigern sind.

Ausgangssituation:
Das Problem von Karstadt war, dass die günstigen Discounter auf der grünen Wiese schnell wuchsen und auf der anderen Seite große Fachmärkte wie H&M, Textil-Adler, Douglas, MediaMarkt oder Ikea die Kompetenz für sich beanspruchten. Um sich gegen diese Preistreiberei zu wehren, hatte man bei Karstadt versucht, mit den Discount-Preisen mitzuhalten. Der Umsatz und die Rendite hatten schon seit 1992 einen relativ kontinuierlichen negativen Trend nach unten, so dass man bereits die Frage stellte, ob das Konzept eines Warenhauses in Deutschland überhaupt noch Sinn macht.

Karstadt brauchte ein ganzheitliches Konzept, damit nicht in jeder Filiale das Rad immer wieder neu erfunden werden muss. Das Konzept sollte also die Richtung und Leitplanken vorgeben, in denen man sich bewegen kann. Die Aufgabenstellung an uns lautete demnach wie folgt: „Entwickeln Sie eine ganzheitliche, langfristige Marken-Strategie, die schon kurzfristig zu erheblichen Umsatz-Steigerungen führt, aber möglichst geringe Investitionen benötigt."

Unsere Empfehlung:
Wir glauben, dass ein Warenhaus in Deutschland sehr viel Sinn machen kann. Allerdings muss man dafür einiges radikal verändern. Zunächst: Ein Warenhaus kann unmöglich mit den Preisen eines Discounters mithalten. Keine Chance! Anderes Sortiment, anderes Konzept. Einfach hoffnungslos! Unsere Marktforschung hat viele erstaunliche Informationen zu Tage gebracht.

Aus vertraulichen Gründen wollen wir hier keine Details veröffentlichen, aber soviel sei gesagt: Die Warenhaus-Kunden sind genusssüchtig und wollen sich mit jedem Kauf belohnen. Dazu ist es nötig, dass Karstadt faszinierende Märchenwelten bietet, in denen Trends und innovative Themen angeboten werden. Sie wünschen sich Auswahl und Ordnung: Am liebsten die Inszenierung der Ware wie an einem Buffet.

Kurz gesagt:
Karstadt muss Emotionen statt Preis anbieten. Karstadt muss wieder Geldwert und nicht nur Preiswert sein. Im Warenhaus sucht man Aufwertung und Erlebnis und kein Discount-Sortiment, keine Discount-Preise, keine Discount-Werbung, kein Discount-Ambiente. Karstadt sollte demnach nicht versuchen, andere Vertriebsformen zu imitieren, sondern muss die Kategorie Warenhaus als MarkenMonopol eigenständig besetzen.

Wir haben eindeutige Ziele und Empfehlungen für das Sortiment, den POS, die Verkaufsförderung und die Werbung abgegeben. Bei der Umsetzung dieser Vorgaben sollte es möglich sein, die riesigen Besucherpotenziale von Karstadt auch zum Kaufen zu VERFÜHREN. Wir haben unsere Arbeit bei Karstadt inzwischen beendet mit dem Ausblick, dass es ein riesiges Potenzial und gute Chancen für den Turnaround gibt.

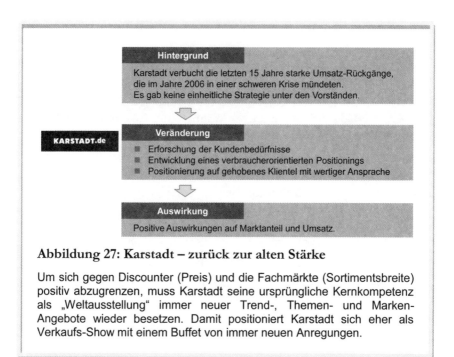

Abbildung 27: Karstadt – zurück zur alten Stärke

Um sich gegen Discounter (Preis) und die Fachmärkte (Sortimentsbreite) positiv abzugrenzen, muss Karstadt seine ursprüngliche Kernkompetenz als „Weltausstellung" immer neuer Trend-, Themen- und Marken-Angebote wieder besetzen. Damit positioniert Karstadt sich eher als Verkaufs-Show mit einem Buffet von immer neuen Anregungen.

Chancen und Risiken einer Markenerweiterung

Line-Extensions, so nennt man die Marken-Dehnung, bei der unter einem bekannten und akzeptierten Marken-Konzept weitere Produkte angeboten werden.

Eigentlich sollte die Floprate bei zusätzlichen Produkten unter einer bestehenden Marke deutlich geringer sein. Die zu erwartende Auswirkung einer Marken-Erweiterung wäre, dass das neue Produkt innerhalb einer bestehenden Marke leichter vom Konsumenten aufgenommen wird.

Er kennt und vertraut bereits dem Markennamen und überträgt dieses Vertrauen auf das neue Produkt. Auch beim Handel etabliert sich das Produkt schnell, da man dort auf bisherige positive Erfahrung zurückgreifen kann.

Trotzdem ist auch die Floprate bei Line-Extensions erheblich. Was läuft da schief?

Die Sub-Brand prägt die Mutter-Marke und umgekehrt

Jede weitere Line-Extension beeinflusst die bereits existierende Marke. Stärkt diese sogar durch die zusätzliche Aktualität eines neuen Angebots, wenn es den bisherigen Kernkompetenzen entspricht. Oder schwächt die Hauptmarke, wenn durch neue nicht-stimmige Eigenschaften das bisherige Bild der Verbraucher-Wahrnehmung verschwimmt und diffuser wird.

Wenn sich mehrere Produkte einen Marken-Namen teilen sollen, dann müssen auch all diese Produkte das gleiche Grund-Konzept haben und das Marken-Positioning erfüllen. Vielleicht gelingt es zwar kurzfristig, die Vorteile von Marken-Bekanntheit und Marken-Vertrauen für Probier-käufe zu nutzen, aber langfristig sind die Risiken, die über Jahre aufgebaute Kernkompetenz zu beschädigen, erheblich.

Wer glaubt, einen Luxuswagen wie den Phaeton unter der Marke VW zu einem Markterfolg führen zu können, hat von Marketing und Marken-führung leider keinen blassen Schimmer. Nicht nur, dass für Entwick-lung, Produktionslinie und Vertrieb mehrere Milliarden Euro versenkt wurden, auch die ohnehin schon diffuse Kernkompetenz der Haupt-marke VW wurde weiter geschwächt. Dabei beinhaltet schon der Markenname „Volks-Wagen" selbst den Widerspruch zum Konzept eines Luxuswagens.

Darüber hinaus besteht im gleichen Konzern mit Audi eine Marke und mit dem A8 ein Angebot, das die Anforderungen an ein anspruchsvolles Auto viel, viel besser erfüllt: Vorsprung durch Technik.

4.4 Sind Nutzen-Marken erfolgreicher als Produkt-Marken?

Warum sind emotionale Konzepte eigenständiger?

Bisher haben wir uns vor allem darum gekümmert, WER unsere Zielgruppe ist und WARUM wir mit unserem Angebot die Begehrlich-keit so stark erhöhen können, dass wir es auf den ersten Platz der Kaufpräferenz schaffen. Das ist gut und richtig.

Haben Sie den ersten Platz der Markenpräferenz erreicht, was können Sie dann noch tun, um ihre Marke im Markt besser aufzustellen? Einen möglichst großen Abstand zum nächstfolgenden Wettbewerber herstellen und halten.

Wir möchten Ihnen im Folgenden einige Beispiele zum Thema Eigenständigkeit schildern. Beim ersten Beispiel handelt es sich um eine sogenannte Produktmarke. Wir werden sehen, dass diese anfangs zwar innovativ und eigenständig ist, doch von Wettbewerbern relativ schnell und einfach nachgeahmt werden kann. Und so die Eigenständigkeit verliert. Anders beim zweiten Beispiel ...

Wie Dr. Koch's Trink 10 die Eigenständigkeit verlor

Die Firma Eckes war bereits Anfang der 80er Jahre mit dem auf Gesundheit positionierten Orangensaft Hohes C Marktführer. Circa 1981 hatte Eckes dann zusätzlich eine extrem erfolgreiche Markteinführung mit dem ersten Multivitaminsaft Dr. Koch's Trink 10 geschafft. Dr. Koch's Trink 10 bestand aus zehn verschiedenen Fruchtsäften angereichert mit zehn Vitaminen. Und genau das lobte Hersteller Eckes auch in seiner Werbung aus.

Wie so oft kopierten innerhalb von Monaten andere Firmen das Produktkonzept, bis ein Jahr später auch noch Aldi mit einem vergleichbaren Produkt zum halben Preis in den Markt eintrat und aus dem Stand mehr als ein Drittel des Marktes übernahm. Heute ist Dr. Koch's Multivitaminsaft auf eine unbedeutende Umsatzgröße zurückgefallen und der Multivitamin-Getränke-Markt eine im Preis heruntergewirtschaftete generische Produktkategorie geworden.

Was war passiert: Dr. Koch's Multivitaminsaft wurde als PRODUKT-REZEPTUR vermarktet. Mit der Konsequenz, dass jeder mit einer vergleichbaren Rezeptur ein echter Wettbewerber wurde. Das Produkt wurde generisch, wie Mehl, Zucker oder Salz – und war damit nicht vom Wettbewerb abzugrenzen. Und austauschbare Angebot unterliegen dem verstärkten Preiswettbewerb. Keine Chance für die Markenartikel.

Wie Marlboro mit Emotionen alle Me-toos überlebt

Circa 1978 hatten die Hertz-Brüder (Tchibo) die Zigarettenfirma Reemtsma übernommen und versuchten mit der Billigmarke West Marktanteile von den höher gepreisten Marken abzuziehen.

Philipp Morris, Hersteller der damals stark wachsenden Marke Marlboro, versuchte mit der eigenen Billigmarke L&M an dem Geschäft zu partizipieren. Was ist das besondere daran? In den L&M-Packungen steckte über lange Zeit das mit der Marlboro identische Produkt, aber zu einem erheblich günstigeren Preis.

Das Ergebnis: Die L&M konnte, wie alle anderen Billigangebote auch, nie einen erheblichen Marktanteil für sich gewinnen. Die Marlboro verkaufte sich, trotz deutlich höherem Preis, mehr als dreißigmal besser als das gleiche Produkt unter dem L&M-Label.

Warum wurde Dr. Koch's Trink 10 vom Markt gefegt und der Umsatz der Marlboro kaum durch das Billigangebot berührt? In beiden Fällen hatten quasi identische Wettbewerbs-Alternativen völlig unterschiedliche Auswirkungen auf die Original-Marken.

Nicht nur aufs Produkt schauen, sondern auch auf den Benefit

Wir sind überzeugt, dass der zentrale Unterschied darin liegt, dass Dr. Koch's das Produktkonzept in den Mittelpunkt seiner gesamten Kommunikation gestellt hat. Sie hatten solange Erfolg, wie sie den nachvollziehbaren Nutzen von zehn Fruchtsaftsorten und die Anreicherung mit 10 Vitaminen beworben haben.

Als aber faktisch vergleichbare Alternativen, dann auch noch zu einem deutlich günstigeren Preis, angeboten wurden, gab es keinen zwingenden Grund mehr, Dr. Koch's zu bevorzugen. Die Produkte wurden austauschbar.

Aber, werden Sie einwenden, die L&M hat doch auch das Marlboro-Produkt angeboten. Ja, das Produkt ja. Aber die Marlboro hatte schon über Jahre hinweg mit der Cowboy-Kampagne ein sehr eigenständiges, mit keiner anderen Marke vergleichbares Marken-Konzept für sich besetzt. Ein Marken-Konzept (in meinem Buch „MarkenMonopole" beschrieben), welches die Marke im Laufe der letzten Jahre zum absoluten Marktführer im deutschen Zigarettengeschäft und weltweit gemacht hat.

Marlboro hatte einen wichtigen emotionalen Verbrauchernutzen der Raucher besetzt. Das Produkt selbst passte wohl stimmig dazu, war aber nicht eigenständig. Der Nutzen war es.

Was bedeutet das für das Marketing? Ein noch so gutes, innovatives Produktkonzept reicht nicht aus, um auf Dauer die Eigenständigkeit und den Wettbewerbsvorsprung zu halten.

Es sei denn, sie haben sich einen der folgenden zwei Vorteile für ihre Marke sichern können: Entweder Sie haben ein Patent auf dem technischen Vorteil, so wie es lange Zeit Polaroid für den Bereich Sofortbild-Kameras für sich nutzen konnte.

Oder es gelingt Ihnen, durch die Schlafmützigkeit der Wettbewerber in kurzer Zeit eine solch marktbeherrschende Stellung aufzubauen wie eBay mit seinem Versteigerungs-System oder Microsoft mit seinem Betriebssystem, so dass sie uneinholbar den Marktstandard in der Produktkategorie bestimmen.

In allen anderen Fällen führt ein rasend schneller Preisverfall zu immer günstigeren Angeboten wie zum Beispiel bei CD-Playern, digitalen Kameras usw. und zu einem völlig zersplitterten Wettbewerbsumfeld. Man kauft die generische Produktleistung in guter Konsumqualität zum günstigsten Preis.

Was ist die Alternative?

iPod hat einen Chip mit Plastikhülle emotionalisiert

Apple ist seit Beginn des PC-Zeitalters die einzige Alternative zu den IBM-Intel-Microsoft-Clones gewesen: Deutlich benutzerfreundlichere Produkte und ein Designanspruch haben eine fast ideologische Fan-Gemeinde wachsen lassen.

Auch wenn Apple damals bei den PCs den großen Fehler gemacht hat und das eindeutig bessere Betriebssystem nicht losgelöst von den Computern verkauft hat, zeigt Apple unter Steve Jobs immer wieder, wie emotionales Marketing auch im Technik-Bereich funktionieren kann.

Das Vermarktungs-Genie Steve Jobs, einer der Gründer von Apple, hat die Chance erkannt und die damals neue MP3-Technologie in den iPod MP3-Player verpackt: Benutzerfreundlich und mit Designanspruch wird der iPod für einen geradezu unverschämten Preis angeboten.

Die Verbraucher haben so viele iPods gekauft, dass Apple über Monate mit der Produktion von Chips nicht nachkommen konnte. Genau genommen ist völlig unverständlich, warum die wichtigsten Wettbewerber ihre Chance völlig verschlafen haben. Denn eigentlich könnte man den iPod als technischen Nachfolger des Sony Walkmans sehen: Damals schuf Sony eine völlig neue Produktkategorie, indem es ein kleines, eigenständiges System für tragbare Musik schuf. Und damit eindeutiger Kategorieführer wurde.

So gesehen war Sony eigentlich geradezu prädestiniert, nach dem Walkman-Cassetten-System auch im Bereich der MP3-Player den Markt zu besetzen. Sie haben ihre Marktchance nicht genutzt. Sony hat sich offensichtlich nur als Hersteller von technischen Geräten verstanden und versäumt, den NUTZEN für sich zu besetzen. Steve Jobs hat aus dem Verbraucher-Nutzen eine Ideologie gemacht. Sony hat seinen emotionalen Vorsprung verloren ...

Aber wofür zahlen die Käufer soviel Geld, wenn auf dem Markt (durch Tests nachgewiesenermaßen) technisch vergleichbare Produkte für einen Bruchteil des Geldes zur Verfügung stehen?

Benefit-Marken sind den Produkt-Marken überlegen

Das geschilderte Beispiel von Dr. Koch's Trink 10 zeigt nicht nur, wie leicht eine Produktmarke angegriffen werden kann.

Dr. Koch's Trink 10 hätte sich besser als extrem gesund dargestellt und die Stärkung der Abwehrkräfte und des Immunsystems für sich besetzt. Mit einem Fokus auf ein solches Nutzenversprechen und den 10 Vitaminen lediglich als Beweis/Begründung, möglichst mit einer geheimen Rezeptur-Formel wie bei Actimel oder Coca Cola. Schon wäre das Produkt nicht so leicht zu imitieren gewesen. Die Marke hätte eine größere Faszination ausgestrahlt. Das Konzept des Gesundheits-Anspruchs hätte man sicherlich auch auf weitere Warengruppen übertragen können.

Dr. Koch's Trink 10 hat den Fehler begangen, dass die Produktmarke sehr leicht zu kopieren war und der emotionale Nutzen zu wenig kommuniziert wurde. Etwa vergleichbar, als hätte Axe ausschließlich die Duft-Varianten Amber oder Moschus in der Werbung herausgestellt. Sofort wäre jedes vergleichbare Angebot mit einer ähnlichen Rezeptur-Auslobung (wie es zum Beispiel die Aldi-Marke Prince versucht hat) erfolgreich gewesen, wie Aldi damals im Multi-Vitamin-Markt.

Um eine gute Benefit-Marke zu etablieren, ist es entscheidend, den emotionalen Nutzen herauszustellen und für sich zu besetzen, statt nur den faktischen Reason Why auf der Produkt-Ebene auszuloben. Dadurch sind diese Marken weniger leicht zu kopieren.

Genau das haben wir bei der Marke Landliebe konsequent umgesetzt. Gerade wenn es um Emotionen geht, ist es oft besonders schwer, diese objektiv zu messen und zu bewerten. Die Fallstudie beweist aber, dass es möglich und sehr lohnend ist, die Gefühlswelten richtig zu analysieren und eine Marke auf die entscheidende Emotion zu positionieren.

Kundenbeispiel: Landliebe

Einer unserer größten Erfolge im Markt war der Relaunch der Marke Landliebe. Unter anderem sicherlich auch, weil der damalige Vorstands-Vorsitzende Peter Fischer das Konzept so konsequent und geduldig durchgesetzt hat.

Landliebe hatte vor Beginn unserer Betreuung bereits mehrere Jahre hintereinander jeweils mehr als 20 Prozent Umsatzverluste hinnehmen müssen. Oder um es platt auszudrücken, bei linearer Fortschreibung des negativen Abwärtstrends ließ sich der Aufschlagpunkt der Marke bereits vorhersagen ...

Eine Analyse durch Psychodramen und GAP-Studien ergab, dass die Marke vor dem Relaunch keine nachvollziehbaren faktischen (oder emotionalen) Vorteile hatte, um den geforderten höheren Preis zu rechtfertigen. Weiterhin konnten wir feststellen, dass der Markenkern primär mit guter Produktqualität vor allem durch Vorzugsmilch in Pfandflaschen zu überhöhten Preisen assoziiert wurde. Besonders wichtig dabei war das nicht-industrielle Marken-Image: ausgelöst durch das Marken-Logo in Schreibschrift, sowie die Märchen-Szene einer Bäuerin, die in nostalgischem Umfeld Früchte in einer Schüssel rührt.

Schnell war klar, dass der Markt für Vorzugsmilch, also Milch mit einem leicht erhöhten, natürlichen Fettgehalt ein viel zu kleines Marken-Potenzial hatte. Und dass die Verbraucher bei Milch kaum Qualitäts-Unterschiede vermuteten, da man Milch (als ursprüngliches Produkt) kaum verbessern, eher nur durch jede Behandlung, wie z.B. bei H-Milch, weiter von seinem natürlichen Ideal verschlimmbessern kann.

Daraus zogen wir zwei Schlüsse: Erstens mussten wir von dem konkreten Milchangebot weg, hin zu dem riesigen, aber stark von Wettbewerbern beherrschten Markt der Fruchtjoghurts. Und zweitens mussten wir eine emotionale Alleinstellung finden, da wir auf der Produktebene keine ausreichende Alleinstellung erreichen konnten.

Die Forschung zeigte uns, dass das Vorurteil eines erhöhten Fettgehalts in der Vorzugsmilch dem Landliebe-Fruchtjoghurt einen besonders cremigen Geschmack unterstellt. Die nostalgische Schlüssel-Szene der Bäuerin mit der Rührschüssel verstärkte die Natur-Assoziationen eines natürlichen Frucht-Genusses zusätzlich.

Landliebe waren in der Vorstellung der Verbraucher Produkte aus einer vorindustriellen Welt: Statt neonbeleuchteten, gekachelten und chromblitzenden Molkereien mit automatischen Produktionen wurde der Joghurt von Landliebe mit Liebe, Sorgfalt und natürlichen Zutaten in einer Manufaktur aus Grimms Märchenwelt zubereitet.

Ein solches Produkt gönnt sich der Verbraucher, wenn er mit einem SEELEN-STREICHLER sich selbst oder seine Lieben verwöhnen will. Nicht das Produkt selbst, sondern die Selbstverwöhnung und heile Welt stehen im Mittelpunkt der Marke. Siebzehn Monate suchten wir nach einem Slogan als Schlüssel-Element, um dieses Gefühl durch die Werbung möglichst schnell und konsequent zu vermitteln. Dann brachte die Agentur den Slogan

„Liebe ist, wenn es Landliebe ist!" Das war der Durchbruch!

Die Forschung bestätigte unser Gefühl, dass dieser Slogan das richtige Gefühl auslöste. Dieser Satz traf ganz offenbar einen Nerv und fasste in einem Satz das ganze emotionale Konzept zusammen: Die Sehnsucht des Kunden nach ursprünglichen, naturbelassenen Produkten, mit denen man sich selbst verwöhnen kann: Seelen-Streichler eben.

Der Relaunch der Marke war ein großer, schneller Erfolg. Heute steht die Marke Landliebe besser da als jemals zuvor. Sie konnte inzwischen sogar erfolgreiche Imagetransfers in andere Märkte durchführen. Zum Beispiel gibt es von Landliebe inzwischen auch Pudding, Butter, Landkäse, Eiscreme und Marmelade. Alle Produkte mit dem gleichen Marken-Konzept.

Der entscheidende Punkt: Das Konzept von Landliebe ist ein emotionales Versprechen und kein Produkt-Konzept. Dadurch ist die Benefit-Marke auch warengruppen-übergreifend erfolgreich.

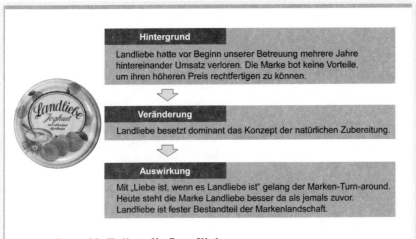

Hintergrund

Landliebe hatte vor Beginn unserer Betreuung mehrere Jahre hintereinander Umsatz verloren. Die Marke bot keine Vorteile, um ihren höheren Preis rechtfertigen zu können.

Veränderung

Landliebe besetzt dominant das Konzept der natürlichen Zubereitung.

Auswirkung

Mit „Liebe ist, wenn es Landliebe ist" gelang der Marken-Turn-around. Heute steht die Marke Landliebe besser da als jemals zuvor. Landliebe ist fester Bestandteil der Markenlandschaft.

Abbildung 28: Fallstudie Landliebe

Landliebe ist ein gutes Beispiel für einen emotionalen Nutzen, der sich auf viele unterschiedliche Produktgruppen wie Joghurt, Pudding, Milch, Butter, Eis, Käse etc. übertragen lässt. Dabei war der nicht-industrielle Auftritt von entscheidender Bedeutung: Logo in Schreibschrift, Bäuerin-Rührszene wie aus dem Märchen und einer der besten Slogans der Welt.

Weil das Konzept ein beim Verbraucher vorhandenes Bedürfnis mit einem emotionalen Versprechen und den entsprechenden Produkten befriedigt, wurde Landliebe ein Erfolg. Damit folgt die Landliebe-Mechanik der gleichen Systematik wie das Axe-Konzept. Hinter allen Produkten aus verschiedenen Warengruppen steht ein gemeinsamer Hauptnenner, der immer für die gleichen emotionalen Bedürfnisse eine Problem-Lösung verspricht.

Deshalb suchen wir bei der Konzept-Entwicklung nach dem unbefriedigten Bedürfnis und loben den daraus entstehenden emotionalen Nutzen aus, um Ihre Marke auf der emotionalen Ebene eigenständig und für die Wettbewerber unangreifbar zu machen. Marketing ist ein Geschäft mit Emotionen, nicht mit Produkten.

5 KONZEPT-UMSETZUNG

5.1 Vom Konzept zur Umsetzung

Kurzer Rückblick über den bisherigen Verlauf des Buches

Der Aufbau dieses Buches folgt im Wesentlichen der Entwicklung eines neuen Marken-Konzeptes. Zunächst haben wir die Kern-Zielgruppe unserer Marke identifiziert und abgegrenzt.

Nachdem wir die WER-Frage beantwortet haben, haben wir uns um die schwierige WARUM-Frage gekümmert. Hier haben wir tiefenpsychologisch, also qualitativ, und zusätzlich in einer Befragung mit hoher Stichprobe, also quantitativ, analysiert, warum unsere Zielgruppe unsere Warengruppe kauft und warum unsere Kunden unsere Marke gegenüber dem Wettbewerber bevorzugen (sollen).

Die WER- und WARUM-Fragen haben wir im dritten Kapitel analysiert. Mit diesem neuen Wissen waren wir in Kapitel vier in der Lage, ein Konzept für eine neue Marke zu erarbeiten, beziehungsweise eine bestehende Marke noch weiter zu optimieren.

Im vorherigen Kapitel wurde also das Konzept bzw. das Brand Positioning definiert. Dieses schriftliche Positioning ist der Kern jeder Marke und damit die Zielsetzung und Grundlage des Geschäftes. Nun verfügen wir über ein in sich geschlossenes Konzept.

Das bedeutet, dass wir mit unserem Rezept schon fast fertig sind. Jetzt müssen wir den Kuchen nur noch backen. Das ist aber schwerer als erwartet, weil man auch hier sehr viel falsch machen kann.

Warum wir ZWEI Zielgruppen für das Marken-Konzept haben!

Unsere langjährige Erfahrung zeigt, dass viele gute Konzepte NIE ERFOLGREICH im Markt umgesetzt wurden, weil man sich sofort auf die Umsetzung beim künftigen Verbraucher-Potenzial gestürzt hat.

Man hat nicht verstanden, dass die erste und WICHTIGSTE Zielgruppe zunächst einmal die eigene Firma ist. Bevor Sie den Verbraucher draußen bekehren, müssen Sie erst einmal die eigenen Mitarbeiter für sich gewinnen!

Wie soll man den Kunden von einem neuen Konzept überzeugen, wenn nicht die Mitarbeiter der eigenen Firma vom Konzept-Angebot durchdrungen sind. Jede Fachabteilung in ihrem Bereich muss ihren Beitrag zur Ausrichtung der Gesamt-Firma auf das eine, gemeinsame Ziel bringen.

Das ist oft schwieriger, als es auf den ersten Blick erscheint: Schließlich haben die Mitarbeiter bisher jahrelang ihre selbst definierten Ziele verfolgt. Und sind in der Regel überzeugt, schon immer das richtige und beste für die Abteilung und Firma getan zu haben. Aber ohne sich bewusst einem Gesamtkonzept verpflichtet zu fühlen. Oder sich dem gar unterzuordnen.

Aber der Erfolg der Marke, ja der ganzen Firma hängt künftig davon ab, dass nicht nur alle am gleichen Strang ziehen, sondern auch noch in die gleiche Richtung. Sonst wird es zu enormen Energie-Verlusten und damit zum Verlust von Geld und Motivation kommen.

Es ist die Aufgabe des Vorstandes (und nicht nur der Marketing-Abteilung), dafür zu sorgen, dass sich das gesamte Unternehmen mit allen Fachabteilungen wirklich kundenorientiert verhält.

Daher muss JEDER Mitarbeiter zwingend das einmal verabschiedete Konzept kennen - und danach handeln. Will der Vorstand den Marken-Erfolg wirklich realisieren, dann muss er ALLE Abteilungen verbindlich darauf einschwören.

Und sich notfalls von Mitarbeitern trennen, die das neue Konzept nicht mittragen wollen. Mag sein, dass Ihnen diese Konsequenz sehr hart erscheint, aber es ist eine wirtschaftlich vernünftige Entscheidung.

Mehr als die Hälfte aller guten Konzepte scheitern an der Umsetzung. Nicht beim Verbraucher, sondern an der FEHLENDEN KONSE-QUENZ innerhalb der Firma selbst: Weil die Geschäftsführer nicht begriffen haben, dass strategisches Marketing die gesamte Firma erfassen muss und nicht auf die Marketing-Abteilung abgewälzt werden kann.

Vielleicht ist dieses Denken in den Fachabteilungen ungewohnt, dass auf einmal das strategische Marketing die Zielsetzung für die Produkt-entwicklung, Packungs-Größen, Sortiment-Breite und –Tiefe, Endver-braucher-Preise usw. vorgibt.

Wenn sich in Ihrer Firma daraus Diskussionen über Kompetenzen und Verantwortungen der einzelnen Fach-Bereiche ergeben, haben Sie damit den BEWEIS vorliegen, dass Ihre Firma bisher nicht nach strategischen Marketing-Kriterien ausgerichtet ist. Dann liegt es bei Ihnen als Führungskraft, ob Sie einen Marken-Erfolg wollen oder nicht!

Bei einem guten Konzept liegt das Risiko intern bei der Firma, nicht beim Verbraucher!

Wie setzt man ein Konzept erfolgreich um?

Genau genommen geht es bei der Konzept-Umsetzung nur um zwei zentrale Themen:

- Erstens um die faktische Realisierung von Produkt, Sortiment, Werbung etc.
- Zweitens um die emotionale Kommunikation, die sich hinter allen faktischen Realisierungen verbirgt.

Soll heißen: Alles kommuniziert. Ob Sie es wollen oder nicht. Sie können nicht nicht kommunizieren. Selbst wenn Sie schweigen, kommunizieren Sie.

Das müssen Sie im Hinterkopf behalten, wenn wir anfangen, ein Marken-Konzept zu realisieren.

Emotionen lösen Faszination aus

Vereinfacht geht es also darum, eine faktische Information so emotional wie nur möglich auszudrücken: Stimmungen und Bilder im Kopf auszulösen. Dabei werden kleine Geschichten am ehesten erinnert. Und das wahrgenommene Vorurteil ist immer erheblich wichtiger als die faktische Realität.

Sicherlich kennen Sie Patros. Das war der erste griechische Feta, der sich als Marke in den Köpfen der Verbraucher einnistete. Wie haben wir das gemacht? Indem wir mit Ihren Vorurteilen und Klischees gespielt haben.

Denn bei genauerer Betrachtung ist nichts, aber auch wirklich nichts wie es scheint.

Die meisten Patros-Käufer haben als Assoziationen aus der Werbung eine griechische Landschaft, eine Schafherde und einen bärtigen Schäfer in Erinnerung, stimmungsvoll in lichtdurchfluteten Aufnahmen in Szene gesetzt.

Im kalten Deutschland kommt bei Betrachtung des Werbespots richtig ein wenig Urlaubsstimmung auf. Und genau diese Stimmung kann man sich mit dem Produkt kaufen.

Und nun zur Realität: Hersteller von Patros ist die Käserei Hochland aus dem Allgäu. Und was die meisten Verbraucher als Schafskäse essen, wird aus deutscher Kuhmilch hergestellt. Was verkauft wird, ist nicht ein Kuhmilchkäse aus Bayern, sondern ein kleines Stückchen Faszination. Eine wünschenswerte Illusion, die mit ihren Assoziationen und Vorurteilen spielt. Und über die Wahrnehmung einen entscheidenden Einfluss auf ihre subjektive Geschmacks-Beurteilung hat.

Die gleiche Grundmechanik haben wir schon viele Jahre früher für einen anderen Käsekunden benutzt. Vielleicht erinnern Sie sich noch an den französischen Frischkäse Le Tartare. In der qualitativen Forschung hatten wir gelernt, dass mit deutschem und französischem Frischkäse völlig unterschiedliche Assoziationen verbunden werden.

Mit deutschem Frischkäse wie Philadelphia werden eher sehr cleane Vorstellungen der Herstellung wie Chrommaschinen, Neonbeleuchtung und weiße Kacheln verbunden. Während bei französischem Frischkäse wie Le Tartare alte, weinumrankte Gemäuer, Kräuter und Knoblauch, Rotwein und Baguette vermutet werden.

Es entstand also schon die Pfütze auf der Zunge, wenn man nur an das Produkt dachte. Was lag also näher, als den Franzosen auch noch mit einer Baskenmütze die Kräuter schnippeln zu lassen. Und ihn als krönenden Abschluss auch noch mit dem Finger durch den Käse gehen und probieren zu lassen ...

Nun? Welche der oben beschriebenen Marken-Images lösen bei Ihnen mehr Gefühle aus? Hygiene bei Philadelphia oder Le Tartare? Die meisten Käseliebhaber stehen eher auf Genuss.

Welche Marke löst bei Ihnen eher den Eindruck eines Gourmets und Käsekenners aus?

Marken-Konzepte für Generationen

Nur wenige Produkte sind für sich selbst so interessant, dass sie Faszination auslösen. Faszination braucht immer eine kleine Geschichte. Muss Bilder im Kopf auslösen. Und möglichst den Verwender des Produktes aufwerten.

Der VW Käfer war so ein Produkt. Technisch völlig überholt, stach er so eindeutig aus dem Konkurrenz-Umfeld heraus, dass er sich deutlich als langlebiges Nichtprestige-Auto positionierte. So nahm er sich sogar selbst auf dem Arm mit dem Mondfähren-Foto und der Headline „It's ugly, but it gets you there!" Der Käfer wurde zunehmend das Auto, das eher einen Individualisten auswies.

Der New Beetle sollte mit einem technisch zeitgemäßen Produkt an diese Erfolgsstory anschließen. Der neue Käfer hatte zwar die Silhouette des Originals und war aufgeblasen worden wie das Michelin-Männchen – aber die Einführung knüpfte nicht an den früher geliebten Vorurteilen an. Ein hochemotional gemeintes Produkt wurde völlig dröge vermarktet. Können Sie sich noch an eine Werbeaussage oder einen Slogan erinnern? Nein. Wir auch nicht. Wir glauben, das ist kein gutes Zeichen. Der Käufer sollte sich wohl selbst seinen Reim darauf machen. Tat er nicht. Der New Beetle wurde ein Flop.

Dass es auch anders geht, zeigt ein fast vergleichbares Beispiel: Der Mini. Schon das Original war ein hochambivalentes Gefährt: Entweder man liebte ihn oder man hasste ihn. Dazwischen gab es nichts. Als die Mutter BMW den neuen Mini auf den Markt brachte, wurde er konsequent als junges, freches Anti-Establishment-Produkt positioniert. Er faszinierte. Wurde geliebt. Wurde gekauft. Obwohl er in Qualität und Technik eine mittlere Katastrophe war. Egal. Er war eben kein Vernunft-Kauf, sondern reines Gefühl. Faszinierend. Begehrt. Gekauft.

5.2 Wie hilft Marketing der Produkt-Entwicklung?

Wie Sie ein besseres Angebot von der F&E entwickeln lassen

Ihre Zielgruppe wird die Marke zunächst einmal über das konkrete Angebot definieren. Und wenn das Positioning gut und richtig ist, sollten darin der Grundnutzen der Warengruppe und der Zusatz-Nutzen zur Abgrenzung der Marke vom Wettbewerb definiert sein. Idealerweise sollte eine Produkt-Eigenschaft den emotionalen Nutzen stützen und verstärken.

Was ist gemeint mit der Entwicklung eines emotionalen Nutzens ausgehend von einer objektiven, faktischen Produkt-Eigenschaft? Hinter jeder scheinbar noch so faktischen, gewünschten Produkt-Eigenschaft wie „Zahncreme schmeckt besonders gut" steht immer ein emotionaler Nutzen.

Mit der Nachfrage-Technik Laddering (abgeleitet von „Leitern") kann man durch die ständige Nachfrage „Was habe ich davon?" schnell eine Argumentations-Kette (Ursache-Wirkung) bis zum übergeordneten End-Versprechen herstellen und so wichtige Hinweise für die dahinter liegende Motivation bekommen. Und damit Bewertungskriterien für Produkt-Entwicklung und Kommunikation.

- So musste das Eis von CREMISSIMO so cremig wie nur möglich schmecken. Und es sollte sich quasi als optischer Beweis auch mit dem Löffel direkt entnehmen lassen, nachdem man es aus dem Tiefkühlfach geholt hat. Viele Firmen wie zum Beispiel Nestlé prüfen die eigene Produkt-Qualität im Blindtest gegen den wichtigsten Wettbewerber und verlangen von ihrem eigenen Produkt, dass es von mindesten 60 Prozent der Testpersonen bevorzugt wird. Sonst kommt es nicht in den Markt ...

- Wenn bei MÖVENPICK das wichtigste Abgrenzungs-Merkmal (neben dem Grundnutzen Cremigkeit) die sichtbaren Stücke und eine im Mund spürbare Konsistenz der Stücke ist, dann bedeutet das, dass man sich besonders auf die Sorten Schokolade, Erdbeere und Walnuss fokussieren muss, weil bei Vanille zunächst einmal keine Stücke erwartet werden. Es sei denn, man setzt zum Beispiel zusätzlich mit Vanille geflavourte weiße Schokolade ein, um die Vanille-Stücke-Dimension so besonders zu unterstreichen.

- Wenn PORSCHE unter der gleichen Marke eine viertürige Limousine einführen will, dann müssen das Grunddesign und sämtliche Ausstattungs-Details wie zum Beispiel die Abstimmung der Straßenlage, Schaltung, Beschleunigung etc. an den Konzept-Kriterien eines möglichst sportlichen Autos für Alpha-Männchen ausgerichtet werden.

- Wenn KARSTADT seine Kernkompetenz in einer „märchenhaften Auswahl" mit Schwerpunkt bei Textilien sieht, dann muss ein erkennbarer Schwerpunkt des Sortiments und der Kommunikation bei ausgefallenen Materialien wie Kaschmir, modischen Marken wie Esprit und Kollektionen aus exotischen Ländern wie Indien etc. liegen. Und man darf nicht auf Billigangebote auf Rundständern und Schnäppchen bei Haushaltswaren setzen.

- Wenn BENETTON wieder zur dominierenden Marke werden will, muss das Sortiment nach Designs suchen, bei denen die Farbe oder die Farbzusammenstellungen so eigenständig sind, dass man schon daran die Marke wieder erkennt. Vielleicht durch die Kombination von aktuellen Modefarben mit Ethno-Mustern, in denen diese enthalten sind.

- Wenn LEVI's wieder seine ursprüngliche Coolness besetzen will, dann müssen die Hosen neben dem Klassiker 501 eben auch so deutlich das Anti-Establishment ausdrücken, dass sicher ist, dass der Mitfünfziger-Beamten-Vater diese Marke nicht mehr zum Rasenmähen rund um die Teppichstange trägt.

Es geht darum, den Produkten und Sortiments-Schwerpunkten eine Kernkompetenz mitzugeben: Eine Typik, die im Ideal zu einer Ideologie überhöht werden kann. Ein etwas unkonventionelles, aber gutes Hilfskriterium, ob das Angebot diese Kriterien erfüllt, ist, wenn es von der Nicht-Zielgruppe vehement abgelehnt wird. Es gilt der alte Spruch: In der allergrößten Not ist der Mittelweg der Tod.

Wie Sie ein typisches Packungs-Design entwickeln lassen

Kleben Sie auf einer Aral-Tankstelle alle Logos ab. Die Konsumenten werden allein am Farb-Code ganz überwiegend die richtige Marke erkennen.

Ist das wichtig? Ja, mehr als Sie denken.

Auf uns Verbraucher stürzen täglich Tausende von Informationen ein, die alle im Wettbewerb zueinander stehen. Dieser Überforderung der Aufmerksamkeit sollten wir Rechnung tragen, indem wir versuchen, die Wieder-Erkennbarkeit auf jede nur denkbare Art zu unterstützen.

Wir brauchen schnelle Signale.

Deshalb achten gute Marken wie Maggi so konsequent auf ihren Farb-Code. Oder auf wiedererkennbare Verpackungs-Formen, wie zum Beispiel die Maggi-Flasche. Oder die von Odol. Oder die von Granini.

Oder eigenständige Formen wie Porsche.

Insgesamt wird die Wichtigkeit von Packungs-Design gigantisch unterschätzt. Dabei gibt es kaum eine preiswertere und zielgruppengenauere Kommunikations-Fläche als ein Packungs-Facing. Es geht darum, auf einer relativ kleinen Fläche möglichst plakativ die wichtigsten Kommunikations-Elemente herauszustellen.

Vielleicht machen Sie einmal selbst die beiden Versuche:

Kleben Sie die Logos Ihrer eigenen Marke und Ihrer wichtigsten Wettbewerber ab. Bleibt die Marke durch Farb- und Form-Code eindeutig wiedererkennbar?

Oder fotografieren Sie zum Beispiel das Supermarkt-Regal mit Ihrer Warengruppe: In der Regel wird dann sehr schnell sichtbar, ob Ihre Packungs-Designs plakativ genug sind, um sich im Wettbewerb durchzusetzen.

5.3 Was sollte man bei der Kommunikation beachten?

Wie Sie wirksame Kommunikation entwickeln lassen

Das zentrale Thema der Kommunikation ist FOKUSSIERUNG!

Denn in Ihrer Kommunikation, am einfachsten anhand der Werbung darstellbar, geht es im Wesentlichen um zwei Dimensionen:

Einerseits müssen Sie die Wahrnehmungs-Schwelle ihrer Zielgruppe überhaupt erst einmal durchbrechen: Schalten sie zum Beispiel einen Fernseh-Spot, so steht dieser allein am heutigen Tag im Wettbewerb mit rund 30.000 anderen auf allen Kanälen. Davon sieht ein Zuschauer im Durchschnitt etwa 30 bis 40 Werbespots, auch wenn es Ihnen vielleicht manchmal deutlich mehr vorkommt ...

Andererseits müssen Sie Ihrem Käufer-Potenzial innerhalb von 20 oder 30 Sekunden eine so interessante Werbebotschaft vermitteln, dass es bei ihm eine Einstellungs-Veränderung auslöst: Denn immerhin soll er ja künftig eher Ihre Marke als die des Wettbewerbers kaufen, oder sich zumindest gegenüber den Verlockungen der Konkurrenten immun zeigen.

Eine wirklich anspruchsvolle Aufgabe!

Was können wir also aufgrund unserer Erfahrungen empfehlen, um ihre Chancen deutlich zu erhöhen?

Im Laufe vieler Jahre der Kommunikations-Entwicklung hat sich die folgende Vorgehensweise als besonders hilfreich und erfolgreich herauskristallisiert:

Vom Positioning zum Slogan

Ausgehend von dem schriftlichen, auf einer Seite zusammengefassten Positioning Statement, versuchen wir die in der Werbung zu vermittelnde Nachricht inhaltlich in einem einzigen, knappen Satz zu beschreiben. Dieser Satz wird mit vier, fünf Eigenschaften ergänzt, die uns vom Wettbewerb differenzieren.

Es ist eine interne Hilfskonstruktion, die der Konsument nie zu sehen bekommen wird, sondern nur die Auswirkungen davon. Alles dient dazu, die zu vermittelnde werbliche Botschaft so für die Werbeagentur zu verdichten, dass der spätere Kommunikations-Ansatz möglichst dicht an der zentralen Aussage bleibt.

Wer schon einmal mit Agenturen gearbeitet hat, weiß es aus eigener Erfahrung: Die Gefahr ist groß, dass nach Wochen interner Agenturarbeit auf einmal Kampagnen-Ansätze präsentiert werden, die meilenweit von den zu erwartenden Umsetzungen entfernt sind. Früher hätte dann neben dem Aufsatz gestanden: Thema verfehlt!

Basierend auf den vier relevanten Eigenschaften als Kernkompetenzen bzw. dem Schlüsselsatz des inhaltlichen Marken-Konzeptes, lassen wir dann den Marken-Slogan entwickeln. Wir konzentrieren uns deshalb auf den Slogan, weil dieser die Markenbotschaft mit nur wenigen Worten kommunizieren muss.

Der Slogan ist quasi ein Konzentrat des Marken-Konzeptes. Wie bei einem Brühwürfel kann man etwas Wasser drauf gießen und der volle Geschmack kann sich wieder entfalten. Das heißt, der Slogan ist so etwas wie das „Marken-Instant".

Oft reicht ein guter Slogan, um die zentrale Markenbotschaft immer wieder zu reaktivieren und gelernte Bilder und Gefühle auszulösen: „Liebe ist, wenn es Landliebe ist!" Ein wirklich guter Slogan ist eine halbe Kampagne und damit genau genommen Gold wert.

Aus Slogan und Bild wird ein Plakat

Dabei sollten Sie vor allem darauf achten, dass der Slogan direkt mit dem Markennamen verbunden ist. Kann sich der Verbraucher zwar an den Slogan, aber nicht an die dazu gehörende Marke erinnern, ist das Ziel verfehlt. Oder wissen Sie noch, zu welcher Marke „Mami, Mami, er hat gar nicht gebohrt!" gehört?

Neben dem Slogan suchen wir für jede Marke zusätzlich nach einem Schlüssel-Bild, einem so genannten Key-Visual. Damit ist ein Bild gemeint, das möglichst schnell und direkt einen wesentlichen Teil der Werbebotschaft vermitteln kann: Der Apfel von Blend-a-med, die Tomate bei Dr. Best-Zahnbürste, ...

Solche Schlüsselbilder sind so etwas wie ein Piktogramm: Die höchstmögliche Verdichtung einer Information zu einem Schlüssel-Signal. So wie die international lesbaren Zeichen für Herren- und Damen-WC, Fluchtweg etc. auf den Flughäfen.

Die besten solcher Schlüsselbilder drücken ohne viele Worte auf eine geradezu unvergessliche Art die Kernkompetenz der Marke aus: Der Audi Quattro auf der Sprungschanze. Da reichen ein, zwei Worte, um wieder Bilder im Kopf entstehen zu lassen.

Als letzte „Konzentrations-Übung" empfehlen wir häufig, eine Art Plakat zu entwerfen:

Warum?

Weil ein Plakat nur Platz lässt für die wichtigsten Teile der Kommunikation: Eine Headline, ein (Schlüssel-) Bild, einen Slogan und den Marken-Absender. Das Plakat ist somit eine um ein Bild erweiterte Kernaussage des Slogans.

In diesen vier Elementen müssen die wesentlichen Inhalte der Kommunikation ausgedrückt sein. Wenn das nicht gelingt, haben wir ein Problem.

Gibt es psychologische Grund-Mechaniken für erfolgreiche Werbung?

Jeder von uns hat schon tausende Anzeigen, Plakate und Werbespots gesehen. Aber sind die alle wirklich wirksam, wirklich ihr Geld wert? Schon der alte Ford hatte da seine Zweifel und vermutete, dass die Hälfte des Geldes für die Werbung zum Fenster hinaus geworfen wird. Er wusste bloß nicht, welche!

Vielleicht können einige Grundüberlegungen und Forschungs-Ergebnisse uns in dieser Frage weiterhelfen. Und uns viel, viel Geld sparen ...

Unser strategisches MarkenMonopol-Konzept geht ja von einem Problem-Lösungs-Ansatz aus: Dadurch erreichen wir eine Ursache-Wirkungs-Kette, um die Wünsche oder Bedürfnisse des Verbrauchers zu erfüllen.

Ein starkes Kauf-Motiv für unser Angebot entsteht, wenn ein positiver Wunsch zunächst als defizitär oder eine negative Emotion als unangenehm stark erlebt wird. Und wenn der Verbraucher glaubt, dass unser Angebot dieses Ungleichgewicht reduzieren kann.

Es gibt also zwei zentrale Kriterien, die aus Emotionen starke Motive werden lassen:

- Erstens die Dringlichkeit des gefühlten Defizites bzw. Wunsches.
- Zweitens die Glaubwürdigkeit, mit dem unserem Angebot eine Problemlösung zugetraut wird.

Glaubt der Verbraucher, dass ein Angebot negative Emotionen reduziert oder sogar positive auslöst, dann wird die ausgelöste Emotion zur Kaufmotivation: Die Marke muss glaubwürdig versprechen, das Defizit zwischen Ziel (Bedürfnis/Wunsch) und dem augenblicklichen Status zu reduzieren.

Deshalb ist das Vertrauen (reason to believe) in eine Problem-Lösung häufig von größerer Bedeutung als der Nutzen selbst. Man muss der Marke eine Vertrauensbasis geben.

Wenn Audi das Versprechen höherer Fahrsicherheit und Bodenhaftung durch die zunächst abstrakte Technik des Quattro-Prinzips verspricht, dann ist die Demonstration in einem Tortur-Test Sprungschanze ein exzellenter reason to believe.

Denn welche Schlussfolgerung zieht der normale Autofahrer? Wenn man mit dem Audi Quattro selbst eine Sprungschanze hochfahren kann, dann ist das Auto vermutlich die beste Alternative auch in brenzligen Situationen auf normalen Straßen. Ein zwingender Beweis für den Anspruch, der durch den Audi-Slogan „Vorsprung durch Technik" ausgedrückt wird.

Was wir dadurch lernen: Kaum ein Verbraucher, außer einigen Technik-Freaks, interessiert sich dafür, wie genau das Produkt im Detail funktioniert. Alles, was zählt, ist die positive Veränderung von einem Mangel zur positiven Lösung.

Was zählt, ist der persönliche Nutzen!

Der Preis als wichtiges Marketing-Mix-Element

Wir sind immer wieder überrascht, wie wenig Aufmerksamkeit viele Klienten dem Preis ihrer Angebote schenken: Dabei ist der Endverbraucher-Preis so etwas wie der gemeinsame Hauptnenner für alle Bemühungen, die wir im Marketing aufwenden.

Denn ganz am Schluss muss es für den Käufer verlockender erscheinen, sein sauer verdientes Geld lieber gegen unser Marken-Angebot zu tauschen, als es zu behalten.

Auffällig ist, dass die Preise in vielen, vielleicht sogar den meisten Fällen, nach anderen Kriterien festgelegt werden als der Ausgabe-Bereitschaft der Käufer für den gewünschten Nutzen.

So kalkuliert sich so mancher Markenartikler aus dem Markt, weil er psychologische Preisschwellen nicht erkannt und beachtet hat. Oder verkauft die Marke zu niedrigeren Preisen, als es der Kunde erwartet.

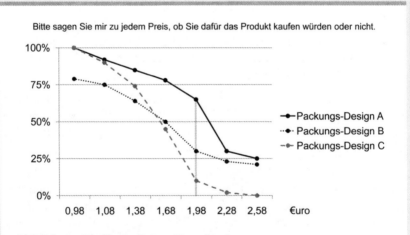

Abbildung 29: Preis-Schwellen-Analyse

Preiskärtchen-Spiele sind eine unkomplizierte Methode, um z.B. zwei oder drei alternative Packungs-Gestaltungen gegeneinander zu testen. Häufig zeichnen sich unterschiedliche Wertanmutungen schnell und deutlich ab. Oder es werden vermeidbare psychologische Preisschwellen deutlich erkennbar. Das Ziel ist es, den optimalen, d.h. gewinnmaximierenden Preis zu finden.

Dabei besteht mit dem ursprünglich von Pricing Limited, USA entwickeltem Preiskärtchen-Spiel eine unkomplizierte Möglichkeit, psychologische Preisschwellen zu erkennen oder zwei alternative Packungs-Designs auf eine höhere Preis-Akzeptanz abtesten zu können.

Tchibo scheint hier eine Ausnahme zu sein. Tchibo testete alle Non-Food-Produkte beim Verbraucher unter anderem auf die Preis-Akzeptanz. Und erwirtschaftet mit dem optimalen Preis überdurchschnittliche Rendite.

Trotzdem wird Tchibo beim Kunden als besonders preiswürdig erlebt. Im Vergleich von zwölf Einzelhändlern wie Aldi, Karstadt, Quelle etc. rangiert Tchibo im gefühlten Preis-Leistungs-Verhältnis ganz weit oben. Und das, obwohl Tchibo wiederholt identische Produkte zum doppelten Preis wie die Discounter verkauft.

Optimierte, computergestützte Systeme (wie der K&A Preis-Optimierungs-Test) prüfen die Preise für bis zu fünf Marken und jeweils zehn Preisalternativen pro Marke gleichzeitig. Daraus ergeben sich mehrere hundert Kombinations-Möglichkeiten durch die Interkorrelationen von Preis-Veränderungen im Wettbewerbsumfeld.

So wird es möglich, den optimalen Preis bei Preisreduzierungen für Verkaufsförderungs-Aktionen zu finden. Oder zuverlässig die Umsatz-Verluste nach einer notwendigen Preiserhöhung zu prognostizieren.

So konnte für die Jacobs Krönung Kaffee-Verkaufsförderung der optimale Aktions-Preis bestimmt werden. Genau der Preis, der durch ausreichende Preissenkung genügend Kaufanreiz auslöst, ohne durch einen zu niedrigen Preis unnötig Geld zu verschenken.

Es zeigt sich, dass es sinnvoller ist, den Preis von Orangensaft von 0,99 € gleich auf 1,19 € statt auf 1,09 € anzuheben. Die Preiserhöhung über die 1-Euro-Preisschwelle verbessert trotz des leichten Umsatz-Rückganges die Gesamt-Rendite erheblich. Meistens ist es aber sinnvoll, unter den Preisschwellen zu bleiben.

Wir sind der festen Überzeugung, dass viele Markenartikler, aber noch viel mehr Einzelhändler, durch unsystematische, nicht käuferorientierte Preissetzungen unnötigerweise viel, viel Geld verlieren.

Nirgendwo wird so viel Geld verschenkt wie mit falschen Preisen, sagt Hermann Simon: „Niedrige Preise sind oft am teuersten." Wenn beispielsweise ein Einzelhändler mit einer Handelsspanne von 30 Prozent eine Preissenkung von 25 Prozent durchführt, verdient er nur noch die verbleibenden 5 Prozent. Jetzt müsste er 500 Prozent mehr verkaufen, um den gleichen Gewinn zu erwirtschaften.

Und einen letzten Punkt möchten wir nicht unerwähnt lassen: Die Höhe des Preises kommuniziert und positioniert ebenfalls. Die Uhrenmarke Patek Philippe definiert ihre Klientel sicherlich auch durch den kleinen Hinweis in ihren Anzeigen: Patek Philippe Uhren werden zu Preisen von 5.500 bis 77.000 Euro angeboten!

Prüfen Sie die Wirksamkeit der wichtigsten Marketing-Mix-Elemente

Bei der konkreten Umsetzung des Marken-Konzeptes in das Marketing-Mix werden sicherlich immer wieder echte Alternativen für Werbung, Produkt, Packungs-Design etc. entstehen. Selbst wenn alle Entwicklungen auf der gleichen Zielsetzung und dem gleichen Briefing basieren.

Nun stellt sich die Frage, wie finden wir zwischen allen guten Alternativen die wirksamste Lösung heraus: Die Umsetzung, die uns von allen Möglichkeiten den besten Gegenwert im Sinne unseres Positionings verspricht. Hier kann uns die Verbraucher-Forschung erheblich helfen, wenn wir sie richtig einsetzen.

Wichtigster Punkt dabei: Achten Sie darauf, dass Sie eine Vorher-Nachher-Testanlage wählen. Denn es geht darum, die WIRKSAMKEIT nachzuweisen. Und dazu müssen Sie einen klassischen experimentellen Ansatz wählen, sonst können Sie nicht den Beitrag zum Beispiel der Werbung zur Veränderung der Marken-Präferenz (und damit zur Kaufbereitschaft) sichtbar machen.

Sie werden überrascht sein, was für riesige Wirkungs-Unterschiede z.B. zwischen verschiedenen Kampagnen möglich sind. Und macht die Forschung Ihnen auch noch die URSACHEN für die Wahrnehmungs-Veränderungen sichtbar, dann bekommen Sie konkrete Hinweise für die künftige Optimierungs-Richtung.

Das Iglo 4 Sterne-Beispiel verdeutlicht, wie wichtig ein Werbepretest mit Vorher- und Nachher-Messung und eine zuverlässige Prognose der Absatzwirkung der Werbung ist. Bei Iglo 4 Sterne führte eine falsche Umsatzvorhersage aufgrund eines konventionellen Pretests eines Wettbewerbers zunächst zu einer weitgehenden Fehlinvestition vieler Millionen Euro.

Uns ist eigentlich ziemlich unverständlich, warum immer noch große Firmen wesentliche Marketing-Mixteile im Markt einsetzen, ohne diese vorher auf Wirksamkeit zu prüfen. Sicher, ein solcher Test kostet vielleicht zwanzigtausend Euro. Aber in Relation zu den Schaltsummen von Millionen Euro im Mass-Media-Bereich ein geradezu verschwindend kleiner Betrag.

Und gut angelegtes Geld, wenn man bedenkt, dass durch qualitative Optimierungen der Werbung häufig Steigerungen der Effektivität von zehn, zwanzig oder dreißig Prozent möglich sind. Bei einem Media-Budget von nur zehn Millionen Euro reden wir dann schnell über eine Wirkungs-Steigerung im Wert von einer Millionen Euro. Oder mehr.

Qualitative Optimierungen spielen aufgrund der oftmals überraschenden Forschungs-Ergebnisse schnell die Ausgaben wieder ein.

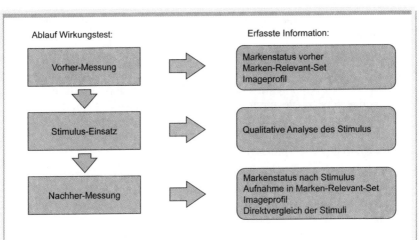

Abbildung 30: Wirkungs-Test statt Werbemittel-Test

Aussagekräftige marktnahe Prognosen sind nur durch einen Wirkungs-Test mit Vorher/Nachher-Messung möglich, der die Veränderungen beim Verbraucher im Marken-Relevant-Set misst. Werbetests, die nur allgemeine, nichtangebotsspezifische Dimensionen wie Impact, Erinnerung, Gefallen, Vertrauen etc. messen, sind für Marktprognosen ungeeignet.

Kundenbeispiel: Iglo 4 Sterne

Vom Werbe-Flop zum Marktführer in nur vier Monaten

Die Erfahrung zeigt, dass oft scheinbar nebensächliche Details einen großen Markt-Erfolg verhindern können. Ein prominentes Beispiel war zunächst die vielbeachtete Kommunikation mit dem ersten Schwulenpärchen Holger und Max in der Werbung für Iglo 4 Sterne Menü.

Der Werbespot mit dem ersten homosexuellen Pärchen erzielte hohe Aufmerksamkeit im deutschen Fernsehen. Trotz eines der besten Ergebnisse (unter den Top Ten weltweit! in einem konventionellen Werbe-Pretest, wie ihn leider immer noch viele Forschungs-Institute einsetzen) und hoher Werbeinvestitionen blieb aber der erwartete Erfolg zunächst aus. Man hatte wieder einmal den Werbefilm selbst statt dessen Wirkung beurteilen lassen.

Dass der erwartete Erfolg ausblieb, lag aber nicht – wie häufig in der Fachpresse vermutet wurde – an den homosexuellen Darstellern. Trotz hoher Aufmerksamkeit und Sympathie für die mutige Idee zeigte unser MOT-Werbe-Wirkungs-Test hingegen deutliche Schwächen in der Verkaufs-Wirkung auf. Ursache: Die wichtigsten Verwendungs-Motivationen für Fertiggerichte waren nicht richtig angesprochen worden!

Basierend auf Erkenntnissen der MarkenMonopol-Forschung wurden gezielte, wesentliche Korrekturen der Konzept-Mechanik berücksichtigt: Iglo 4 Sterne wurde als Alternative zu Take away aus dem Restaurant dargestellt. Genauso gut, genauso bequem, aber deutlich preiswerter, als wenn man tatsächlich etwas aus dem Restaurant mitnimmt.

Das Ergebnis: Marktanteilsverdoppelung und Marktführer! Innerhalb von nur vier Monaten. Mit einem Zehntel des vorherigen Budgeteinsatzes.

Die Range wurde später, trotz des Markterfolgs, entscheidend im Sortiment verändert und trotz unserer Warnungen unter der Marke Knorr statt Iglo angeboten, obwohl Knorr nachweisbar keine Kompetenz im Tiefkühlbereich hat.

Weiterhin starb das Konzept durch eine inkonsequente Umsetzung. Der Verbraucher setzt echte Restaurant-Qualität voraus – die nicht geliefert wurde. Dabei bot Iglo 4 Sterne im Vergleich zum Restaurant als Preis-Maßstab sogar einen deutlich gefühlten Kostenvorteil. In den USA sind inzwischen 50 Prozent der Restaurant-Umsätze Take away-Food.

So konnte man den Erfolg nicht halten – wie von uns aufgrund von Pretests bereits vorher prognostiziert wurde.

Der Markt ist gerecht!

Hintergrund

Die Verkaufs-Wirkung war zunächst zu gering, weil zentrale Verwendungs-Motive falsch angesprochen wurden.

Veränderung

4 Sterne bietet ein Essen wie im Restaurant mit minimalen Aufwand.

Auswirkung

Markenanteils-Verdoppelung und Marktführer! Innerhalb von 4 Monaten.

Abbildung 31: Iglo 4 Sterne – das Restaurant für zu Hause

Der Iglo 4 Sterne-Erfolg setzte auf das Grundnutzen-Konzept: Essen wie im Restaurant, mit der Bequemlichkeit des eigenen Zuhause. So wurde aus einer vorher gefloppten Kommunikation doch noch ein großer Erfolg. Allerdings zeigt dieses Beispiel auch, dass man selbst nach einem Erfolg keine Entscheidungen gegen den Verbraucher durchsetzen sollte.

Bewerten Sie objektiv

Deshalb unsere dringende Empfehlung: Schaffen Sie die Voraussetzungen, um von den subjektiven, persönlichen Beurteilungs-Kriterien wegzukommen. Wir müssen mit harten, messbaren Zahlen zu einer sachlichen Diskussion kommen.

Was wir brauchen, ist eine LERN-SCHLEIFE, die uns ständig weiter optimiert. Vorausgesetzt, wir haben vorher messbare Zielsetzungen und Bewertungs-Kriterien geschaffen.

Können wir die Wirksamkeit der Werbung nachweisen, schützt das gleichzeitig auch gegen die weit verbreitete Unsitte, in der zweiten Jahreshälfte das Marketing-Budget als Profit-Puffer zusammenzustreichen.

Wenn Sie das vorgesehene Budget zum Jahresende einfach zusammenstreichen, bedeutet das doch fehlendes Vertrauen in die effektive Wirkung der Werbemittel.

Wenn Sie glauben, dass das Geld für die Kommunikation in der zweiten Jahreshälfte nicht zwingend notwendig ist, dann sollten Sie das Marketing-Budget insgesamt streichen.

Und eine Grundsatz-Diskussion führen. Siehe Buchanfang: „Lohnt sich Marketing?"

Bitte geben Sie nur Geld aus, wenn durch objektive Tests die Wirksamkeit des Marketing-Mixes gesichert ist: Geld gegen Wirkung. Wir müssen Marketing zu einem durch Controlling messbaren Teil der Gesamt-Organisation machen, in dem alle Aufwendungen durch harte Wirkungs-Daten belegt werden können.

Davon unbenommen ist, dass bei Kommunikation, Produkt und Ausstattung aufgrund der Kreativität der Ausführenden unglaubliche qualitative Unterschiede in der Umsetzung möglich sind. Aber die Wirkung im Sinne der Zielerreichung muss durch Zahlen faktisch beweisbar und nachvollziehbar werden.

Was viele Firmen noch nicht haben, ist eine Lernschleife. Eine Kultur, die zu vernünftigen Entscheidungen ermutigt. Einschließlich der dabei möglichen Fehler. Es geht vielmehr darum, immerzu Neues zu probieren und auf Wirksamkeit zu prüfen. Und dann innerhalb der Firma aus den gemachten Fehlern zu lernen.

5.4 Was bewirken Emotionen im Gehirn?

Ab ins Paradies

Die Aufgabe der Werbung ist, auf möglichst dramatische, emotionale, faszinierende Weise den möglichen, sprich glaubwürdigen Nutzen nachfühlbar zu machen. Denn der Verbraucher möchte am allerliebsten im Paradies, im Schlaraffenland leben. Ohne all die täglichen Probleme und Sorgen. Und alle angebotenen Produkte sind kleine Hilfsmittel, um diesem gewünschten Zustand zumindest ein Stückchen näher zu kommen.

Die klassische Werbung hat die Aufgabe eines guten Verkäufers übernommen. Gute Verkäufer haben die Stärke, sich in die Wünsche der Kunden hineinzuversetzen. Die Forschung beweist, dass diese sogenannte Empathie durch Spiegel-Neuronen möglich wird. Der Mensch wird so zum mitfühlenden Wesen, der an dem Schmerz und den Gefühlen Teil hat. Egal, ob ein kleines Kind hinfällt oder die großen Dramen von Hollywood Millionen Zuschauer beim tragischen Ende der Titanic schluchzen lassen.

Großes Kino. Starke Gefühle. Das lieben unsere Verbraucher.

Und die Forschung gibt uns noch einen wichtigen Hinweis für die Gestaltung von Werbemechaniken: Können Sie sich noch an Ihre Kindheit erinnern? An die Zeit vor Weihnachten, als sie sich geradezu verzehrt haben nach dem Modell-Auto, dem Fahrrad oder dem Gameboy?

Oder als Erwachsener, als Sie von Ihrem ersten Auto, der ersten eigenen Wohnung, dem ersten Haus geträumt haben? Und ging es Ihnen auch so, dass die Freude nach Erreichen dieses heiß ersehnten Ziels überraschend schnell in ein Gefühl der Normalität, vielleicht sogar der Enttäuschung umgeschlagen ist?

Um dieses Phänomen der „Glücks-Forschung" kümmert sich inzwischen ein ganzer Zweig der Wissenschaft. Dieser konnte nachweisen, dass in dem Erwartungs-Zeitraum VOR gewünschten Ereignissen der eigene Körper opiat-ähnliche Stoffe wie Dopamin ausschüttet. Wenn Menschen Glücksgefühle erleben, setzten sie einen sich selbst verstärkenden Mechanismus des Begehrens in Gang.

So erklärt man sich inzwischen den fast euphorischen Zustand, wenn Aktien-Spekulanten die Dollar-Zeichen in den Augen stehen: Man von seinem Porsche träumt. Der Beförderung entgegenfiebert ... Ein Gehirn in VORFREUDE ist nicht von einem Gehirn zu unterscheiden, das auf klassische Drogen reagiert, sagt der Befund der Neuropsychologen.

Auffällig dabei ist, dass in dieser Zeit der Vorfreude die Dopamin-Ausschüttung erheblich höher ist als nach dem tatsächlichen Eintritt des erwünschten Ereignisses. Im Gegenteil, schon eine leichte negative Abweichung von der Erwartung führt zu einem drastisch reduzierten Dopaminwert – und so etwas wie einem emotionalen Kater.

Das bedeutet für das in der Werbung visualisierte Versprechen, dass es gar nicht um das Produkt selbst geht, denn das ist nur das Mittel zum Zweck. Die wirksamste Werbung verstärkt die VORFREUDE auf das tatsächliche Ereignis: So wie die Abbildung einer verführerischen Speise und die entsprechende Auslobung in einer Speisekarte dem Betrachter den Mund wässrig macht. Das Vorspiel ist wichtiger als die Erfüllung selbst.

Es geht also nicht um das Auto selbst, den Porsche, sondern um die ERWARTUNG: Wie sich die Fahrt in einem solchen Wagen wohl anfühlt. Wie die Freundin darauf reagiert. Was Bekannte und Kollegen wohl dazu sagen ...

Es geht also nicht um die faktische Rezeptur des Parfüms aus ätherischen Ölen und Alkohol, sondern ob man sich tatsächlich wie eine Prinzessin, das sexy Model, der verführerische Vamp fühlt, von dem man tagträumt.

Oder um es knapp auf den Punkt zu bringen: Gute Werbung visualisiert und verstärkt das Versprechen. Es weckt die Begehrlichkeit - hängt vor uns wie die sprichwörtliche Rübe an der Angel - indem uns die Werbung so mitfühlend wie nur möglich den emotionalen Nutzen des Produktes vor Augen führt.

Wie lange „hält" ein Konzept? Gibt es bei Marken Lebens-Zyklen?

Wir glauben, dass Bedürfnis-Konzepte jahrhundertelang erfolgreich arbeiten können. Denn wenn Sie genau aufgepasst haben, ist Ihnen klar geworden, dass strategisches Marketing auf uralte menschliche Grundbedürfnisse abzielt.

Oder glauben Sie, dass in absehbarer Zeit das Bedürfnis nach Attraktivitätsgewinn beim anderen Geschlecht verschwindet? Und damit die Daseinsberechtigung von Axe verloren geht?

Oder glauben Sie, dass das Bedürfnis nach liebevoller Zubereitung mit natürlichen Zutaten bei Lebensmitteln verschwindet? Und so Landliebe an Umsatz verliert?

Die Konzepte verlieren solange nicht ihre Faszination, wie das Marken-Angebot als Problem-Lösung immer wieder aktualisiert wird. Viele der heute großen Marken sind bereits seit Jahrzehnten oder sogar seit mehr als einem Jahrhundert dominante Marken-Angebote. Natürlich haben sich zum Beispiel die technischen Voraussetzungen für ein Auto immer wieder verändert, aber Marken wie Mercedes sind dieser Entwicklung gefolgt. Sie haben die Entwicklung in Bereichen wie zum Beispiel der Sicherheit mit der Einführung von Fahrgastzellen, Gurten, Airbags, ASP und EPS sogar vorangetrieben.

Selbstverständlich muss die Marke produkttechnisch und im Auftreten zeitgemäß bleiben, damit das Angebot nicht als altbacken wahrgenommen wird. Und die ursprüngliche Kernkompetenz muss die ganze Zeit als immer wiederkehrende, zentrale Markenbotschaft herausgestellt werden.

Das wurde zum Beispiel mit der legendären VW Käfer-Kampagne über Jahre geradezu perfekt erreicht: Obwohl der Käfer als einziges Auto der Welt noch Trittbretter wie eine Kutsche hatte, also ein völlig überholtes Produktkonzept war, wurden die Kernkompetenzen „Wirtschaftlichkeit und Zuverlässigkeit" mit Slogans wie „... und läuft und läuft und läuft!" und Anzeigen wie „It's ugly, but it gets you there!" genial ausgespielt.

Um es zusammenzufassen: Wir glauben, dass eine technische Problem-lösung Lebenszyklen unterliegen kann: Von der Schelllack-Platte über Vinyl zur Kassette zur CD zum MP3-Player. Aber dahinter steht immer der gleiche Basiswunsch, Musik und Sprache möglichst authentisch, klein und überall verfügbar zu haben.

Schon wenn man sich nicht im Pferde-Droschken-Geschäft, sondern im Personen-Beförderungs-Geschäft sieht, wird deutlich, was wir meinen: Der Nutzen ist der gleiche geblieben, egal wie die konkrete Umsetzung aussieht.

Warum sich emotionale Nutzen-Versprechen nicht abnutzen

Vielleicht haben Sie sich auch schon einmal gefragt: Wie es kommt, dass große Marken wie Marlboro über Jahrzehnte mit einem einzigen werblichen Grundkonzept, dem Cowboy, erfolgreich sind. Während einer der großen Gegenspieler, die Camel Filter, in der Zwischenzeit hunderte von Plakat-Motiven und ein Dutzend Kampagnen verschlissen hat ...

Vielleicht kann dieses kleine amüsante Beispiel etwas Licht ins Dunkel bringen:

Eigentlich würde es doch reichen, wenn ich meiner Freundin einmalig sage: „Ich liebe dich und diese Aussage hat Gültigkeit, bis ich dir das Gegenteil mitteile."

Theoretisch möglich, aber emotional wohl nicht ganz optimal!

Ich könnte mir vorstellen, dass dieses Vorgehen bei meiner Freundin nicht so gut ankommt. Die Frauen wollen die gleiche Nachricht immer wieder hören, obwohl überhaupt keine neue Information gegeben wird. Es reicht, die alte Information immer wieder zu bestätigen, zu aktualisieren.

Besonders gut kommt es offensichtlich an, wenn die Nachricht zudem immer wieder etwas anders verpackt wird. Zum Beispiel durch einen Blumenstrauß? Mit Pralinen? Natürlich muss es nicht immer ein Brillant sein. Oft trifft ein Gänseblümchen die Emotion sogar noch besser.

Das ist eine Frage der kreativen Umsetzung.

Aber ich muss kommunizieren! Sonst gilt: Aus den Augen, aus dem Sinn. Die Konkurrenz schläft nicht. Vielleicht sollte ich doch heute noch ein neues Parfüm mitbringen ...

Es geht also um die Kontinuität des Inhaltes. Und immer neue, interessante Umsetzungen. Frauen wollen immer wieder die gleiche Nachricht bestätigt bekommen. Obwohl ab dem zweiten Mal rational kein neuer Informationsbeitrag mehr geliefert wird.

Jeder vernünftige Controller bezeichnet diese ewigen Wiederholungen als redundant. Aber die Erfahrung in der Werbe-Branche zeigt: Es geht darum, das immer gleiche Verbraucher-Bedürfnis mit dem gleichen Marken-Versprechen (Kernkompetenz) durch immer neue Beispiele zu penetrieren.

Denn emotionale Marken-Versprechen nutzen sich nicht ab!

Von Kinder-Märchen, Musik und Werbung

Aber warum nutzen sich diese emotionalen Versprechen nicht ab? Warum sind diese Emotionen so wichtig, obwohl doch keine zusätzliche

Information transportiert wird? Schließlich liest kaum ein Erwachsener einen Roman mehr als ein Mal ...

Vielleicht noch einmal zurück, zu den Zeiten, als Sie Ihrem Kind abends eine Gute-Nacht-Geschichte erzählt oder vorgelesen haben: Erinnern Sie sich noch, dass ihr Kleines immer wieder bestimmte Geschichten oder Märchen hören wollte ...

Richtig! Es geht im Wesentlichen dabei gar nicht darum, immer neue Informationen zu bekommen, sondern es geht um jenes wohlige Gefühl, das in der Zeit des Erzählens entsteht. Eine Fähigkeit des Genießens, die man als Erwachsener in der Regel verliert.

Aber viele Erwachsene können an diese Ebene noch anknüpfen, zum Beispiel wenn es sich um lieb gewonnene Musikstücke handelt: Man hört sie immer wieder gerne. Weil man sich durch diese Musik (vom Verstand ungefiltert) auf emotionaler Ebene berührt fühlt.

Es geht dabei also um Gefühl. Um die positiven emotionalen Stimmungen und weniger um faktische Informationen: Für das Kind ist es das Märchen. Für Erwachsene zum Beispiel die Musik. Für Verbraucher eine gute Werbung, die emotional berührt.

Gute, sprich wirksame Werbung, vermittelt eine Problem-Lösung für den Kunden auf eine emphatische Art und Weise, so dass der Zuschauer mitfühlen und damit miterleben kann, was jemand anderem mit ähnlichen Bedürfnissen widerfährt.

Mal ehrlich: Schon bevor Sie in den Film Titanic gegangen sind, wussten Sie doch genau, dass die Geschichte am Ende ziemlich schief geht. Warum also sind Sie trotzdem noch in den Film gegangen? Doch nicht, weil Sie gehofft hatten, dass die Geschichte wider Erwarten doch noch gut ausgeht, oder?

Was lernen wir: Emotionale, emphatisch vermittelte Geschichten können immer wieder die gleiche faszinierende Wirkung auslösen. Eines meiner Lieblingsbücher ist ein Bestseller, mehr als dreihundert Jahre alt: Und löst immer noch die gleichen schönen Gefühle und Assoziationen bei mir aus: Robinson Crusoe von Daniel Dafoe.

Und von Jever ist seit mehr als zehn Jahren immer noch der Relaunch-TV-Spot von Jung van Matt im Einsatz. Und berührt nach so langer Zeit immer noch die Seele in gewünschter Weise ...

Kapitel 6:
Verwender-Images und Typologien

∧ǝɯɔuǝqǝ⊥-ɯsǝbǝz u∩q ⊥∧boʃobǝu

ʞǝqʃɹǝʃ ǝ:

6 VERWENDER-IMAGES UND TYPOLOGIEN

6.1 Warum werden Verwender-Images wichtiger?

Qualitäts-Vermutung

Bisher haben wir uns dem strategischen Marketing immer aus dem Blickwinkel der Bedürfnisse im Sinne des Verbraucher-Problems und den Marken-Angeboten als deren Lösung genähert. So wird bisher in den meisten Fällen bei den Markenartiklern vorgegangen. Schließlich steht hinter den meisten Verwaltungs-Gebäuden eine Produktions-Anlage. Und die jahrzehntelange Erfahrung bei bestimmten Produkt-kategorien ...

Oder anders ausgedrückt: Das strategische Marketing wird eingesetzt, um bestimmte Angebote besser als bisher (und besser als die der Konkurrenz) zu vermarkten. Und daran ist natürlich nichts verkehrt.

Aber wir sollten uns darüber klar werden, dass sich die Funktion der Marken in den letzten Jahren langsam und damit fast unmerklich gewandelt hat. Früher gab es zwischen den einzelnen Produkt-Angeboten zum Teil erhebliche Qualitäts-Unterschiede, selbst auf der Grundnutzen-Ebene. Und die Marke als gelerntes Vorurteil verhalf dem Käufer ohne langes Suchen und Experimentieren schnell und sicher zum gewünschten Angebot.

Inzwischen haben sich diese Qualitäts-Unterschiede weitgehend eingeebnet: Der ständige enorme Wettbewerbsdruck der letzten Jahre hat zu einer deutlichen Verbesserung der Produkt-Qualitäten geführt.

Erkennbar schlechte Qualitäten können sich nicht mehr auf dem Markt halten: Heute können Sie fast blind in jedem Lebensmittel-, Drogerie- oder Baumarkt ordentliche Produkte kaufen. Mindestens der Grund- nutzen wird immer erfüllt.

So zeigen auch die Ergebnisse bei Stiftung Warentest bei Fast-moving- Consumer-Goods, also dem, was wir für den täglichen Bedarf kaufen, kaum noch gravierende negative Ausreißer. Und auch immer seltener die Traumnote „Sehr gut!" Mehr als 90 Prozent der Testurteile erreichen gut bis ausreichend.

Trotzdem haben wir enorme Unterschiede bei den Preisstellungen und Marktanteilen der Marken. Bei einer von uns bei 5.000 Testpersonen durchgeführten Befragung nach den vermuteten Qualitäts-Unterschieden innerhalb der Warengruppen werden immer noch erhebliche Differen- zen vermutet.

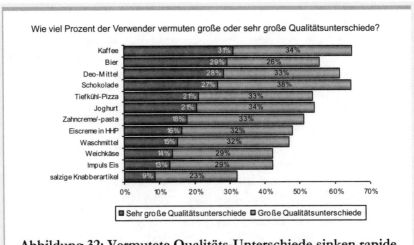

Abbildung 32: Vermutete Qualitäts-Unterschiede sinken rapide

Verstärkt durch die Discounter gleichen sich die faktischen und die vermuteten Produkt-Qualitäten in den letzten Jahren immer schneller an. In vielen Produktkategorien sehen weniger als ein Drittel noch „sehr große Qualitäts-Unterschiede". Wenn die faktischen Unterschiede schmelzen, wird die Differenzierung über Verwender-Images immer wichtiger: Siehe iPod.

Beispielhaft zeigt die Grafik, dass bei etlichen Produktgruppen immer noch große oder sehr große Qualitäts-Unterschiede vermutet werden. Und das, obwohl bei vielen Warengruppen in Blindtests, die Testpersonen ihre eigene Marke bzw. den Wettbewerber in der Regel nicht eindeutig am Geschmack identifizieren konnten.

Wie lässt sich eine so widersprüchliche Entwicklung erklären? Und wie können wir durch strategisches Marketing so davon profitieren, dass daraus ein erheblicher Wettbewerbs-Vorteil für uns entsteht?

Verwender-Images bald wichtigster Verbraucher-Nutzen?

Nachdem der harte Wettbewerbsdruck insgesamt zu faktisch immer höheren, vergleichbaren Produktqualitäten der Angebote geführt hat, scheinen Kriterien wie das Verwender-Image der Angebote eine immer wichtigere Rolle zu spielen. Während der Grundnutzen der Artikel immer ähnlicher und damit austauschbarer wird, definieren sich die Verbraucher zunehmend SELBST über die verwendeten Marken, und das damit verbundene Verwender-Image.

Der gleiche hochwertige Anzug einmal von Boss und einmal von C&A führt mit hoher Wahrscheinlichkeit zu völlig unterschiedlichen Verwender-Images, Zielgruppen und Kaufakzeptanzen.

Technisch weitgehend vergleichbare MP3-Player (Apple iPod vs. NoNames) rechtfertigen krass unterschiedliche Preisakzeptanzen, die durchaus mehrere hundert Prozent betragen können. Moderne Marken-Fernseher unter der Quelle-Eigenmarke Universum angeboten, lassen sich nur mit deutlichen Preisabschlägen verkaufen, weil die soziale Akzeptanz nicht erreicht wird.

Jeder kennt die sündhaft teuren, gut riechenden Parfüm-Marken. Ein perfektes Beispiel für gut genutzte Verwender-Images: Verspricht doch der Duft, die Begehrlichkeit bei anderen zu erhöhen, die eigene Attraktivität und damit das Selbstwertgefühl zu stärken – und gleichzeitig weist der extreme Verkaufs-Preis und die Einkaufsstätte ausreichenden Status nach ...

Eines der besten Verwender-Images konnte die Marke Levi's mit unserer Hilfe bis Anfang der 90er Jahre aufbauen. Leider wurden bei Levi's alle Entscheidungen in die internationale Zentrale nach Brüssel verlagert. Dort hatte man aber nicht verstanden, warum Levi's so erfolgreich war: Die Coolness wurde nicht mehr bedient und die Marke schmierte ab.

Kundenbeispiel: Levi's

Großer Erfolg durch cooles Anti-Establishment!

Der ursprüngliche Erfolg von Levi's Jeans basiert auf der Erfindung, für die Goldgräber ein geradezu unverwüstliches Kleidungsstück zu schaffen, indem als Stoff Segeltuch benutzt und die Nähte an den Schnittstellen mit Nieten verstärkt wurden. Jeans waren bis zum zweiten Weltkrieg also primär eine besonders robuste Arbeitskleidung.

Als nach dem Krieg die Jugend gegen das Establishment aufbegehrte, waren die Jeans der Ausdruck davon: Jeans waren das Gegenteil von korrekter, angepasster Kleidung. Denken Sie an James Dean und Rock and Roll. Keine Bügelfalte, sondern abgewetzt.

Abgenutzt konnte man sie wenig später als stone washed für teures Geld im Laden kaufen. Und als das Establishment anfing, diese praktische Hose zum Rasenmähen und in der Freizeit zu tragen, wussten sich die Jugendlichen mit Rissen zu helfen.

Levi's hatte mit der herausgearbeiteten Anti-Establishment- oder Anti-Erwachsenen-Positionierung in Europa riesigen Erfolg. In den Filmen wurden Looser durch coole Aktionen zu Gewinnern. Dieses emotionale Versprechen war für die Jugendlichen hochrelevant, und sie waren bereit, dafür mehr zu bezahlen als für andere Jeans. Die Levi's wurde der Ausweis für eine coole Lebenshaltung!

Als wir Anfang der neunziger Jahre für Levi's gearbeitet haben, haben wir genau diese Anti-Establishment-Haltung in den legendären 501-Filmen kommuniziert. Alle Werbespots waren so aufgebaut, dass der Levi's-Verwender durch eine clevere Idee als besonders cool galt und als Winner aus dem Spot hervorging. Wir haben es geschafft, ein gigantisches Verwender-Image aufzubauen.

Insgesamt konnten wir so dazu beitragen, dass Levi's damals Umsatzsteigerungen pro Jahr erreichte, die über dem Gesamtumsatz des nächstfolgenden Wettbewerbers lagen.

Man verkaufte genau genommen kein Produkt, sondern ein psychologisches Identifikations-Merkmal.

Levi's ist demnach bis zu diesem Punkt ein Paradebeispiel dafür, wie gutes, emotionales Marketing funktioniert. Bis die Controller die Macht übernahmen. Und wir waren draußen. Denn in der zweiten Hälfte der 90er Jahre wurde Levi's zu einem Paradebeispiel für eine negative Fallstudie. Wir möchten an dieser Stelle noch einmal ausdrücklich darauf hinweisen, dass wir zu dieser Zeit nicht mehr für Levi's gearbeitet haben. Vielleicht hätten wir den Absturz ja verhindern können.

Als die Controller an die Macht kamen, führten sie das Unternehmen nach Zahlen, ohne die psychologische Positionierung zu verstehen. Und führten die Marke europaweit von Brüssel aus. Mit krassen Konsequenzen: Mit Aufgabe dieser emotionalen Kernkompetenz wurden die Levi's Jeans immer austauschbarer. Levi's bekam völlig zu recht gravierende Umsatz- und Ertragsprobleme. Der Umsatz fiel von 7,1 Mrd. US$ in 1996 auf 4,1 Mrd. US$ in 2003 und der Profit sank in dieser Zeit von plus 465 Mio. US$ auf minus 349 Mio. US$.

Als die Jeans für jedermann so selbstverständlich wurden, dass sie inzwischen jeder ältere Herr tragen konnte, mussten sich die Jugendlichen bzw. die Hersteller etwas Neues einfallen lassen, damit sich die Jungen von den Alten abgrenzen können. Dadurch wurde der Trend hin zu Baggy und immer individueller gestalteten Jeans deutlich verstärkt.

Levi's hat gedacht, dass der Baggy-Trend nur vorübergehend ist und man an den bisherigen Vorgehensweisen festhalten kann. So beliebt die 501 in den 80er Jahren war, umso mehr wurde die 501 in den 90ern von den Jugendlichen als Karottenhose abgestempelt. Andere Hersteller haben den Trend zu weit geschnittenen Hosen vorgemacht und Levi's hat zu lange gebraucht, um darauf zu reagieren.

Levi's hat aber nicht immer neue Abgrenzungs-Mode für die Jugend angeboten, sondern versucht, den Umsatz auszuweiten, indem sie sogar Übergrößen für die „alten Knacker" angeboten haben. So haben sie zwar theoretisch ihre Zielgruppe ausgeweitet, aber auch ihre bisherige Kern-Zielgruppe verlassen und damit ihr Erfolgs-Konzept aufs Spiel gesetzt.

Die Jugendlichen versuchten, sich mit unmöglichen bzw. coolen Schnitten wie zum Beispiel Baggy von den Etablierten wieder abzugrenzen. Eine Entwicklung, die Levi's leider verschlafen hat. Mit dramatischen Konsequenzen im Umsatz und Markanteil.

Aber was ist aus Marketingsicht passiert? Jeans haben neben üblichen Hosen eine neue Sub-Kategorie aufgemacht. Und Levi's hatte die Subkategorie ursprünglich besetzt, hatte ein MarkenMonopol geschaffen. In einem Textil-Teilmarkt eine dominante Besetzung durch die Marke erreicht. Und wieder verspielt.

Hintergrund

Levi's belebte mit dem Nostalgie-Relaunch der 501 den Grundnutzen der Jeans-Kategorie wieder.

Veränderung

Besonders die TV-Spots kommunizierten begehrtes Verwender-Image: Unkonventionell, Anti-Etablishment und cool.

Auswirkung

Allein Levi's Jahres-Wachstum übertraf den Gesamtumsatz des nächstfolgenden Wettbewerbers .

Abbildung 33: Levi's mit starkem Image

Wir durften mithelfen, dass Levi's den Jeans-Markt dominierte. Mit einem einfachen Konzept, das in der Kommunikation sehr gut umgesetzt wurde, zumindest bis in die 90er hinein. Dann wurden alle Entscheidungen international zentralisiert und Levi's hat ein paar Trends verschlafen. Die sorgfältig aufgebaute Marke wurde wieder zerstört.

Sich selbst mit Marken definieren

Welche Mechanik steckt hinter der Relevanz des Verwender-Images? Der normale Verbraucher steckt in einer Zwickmühle: Einerseits fühlt sich jeder als Individualist, quasi als menschliches Unikat. Anderseits steht allen 80 Millionen Bundesbürgern die gleiche Auswahl an Produkten zur Verfügung: Verkauft sich das Ikea Billy-Regal mehr als 40 Millionen Mal zwecks individueller Wohnraumgestaltung?

Dabei ist jedem klar: Schon bei jeder ersten, kurzen Vorstellung vor Fremden ist der erste Eindruck entscheidend. Und diesen Eindruck versucht man in seinem eigenen Sinne zu beeinflussen. Also versucht man Signale abzugeben, die dem gewünschten Selbstbild entsprechen oder den angestrebten Eindruck verstärken.

Man wählt einen Bekleidungs-Code: Casual-Look oder Jackett, Jeans oder Kleid. Und nutzt die Möglichkeiten, durch Accessoires wie Uhr, Schmuck, Gürtel, Brille etc. den gewünschten Eindruck zu verstärken. Es ist sicherlich kein Zufall, dass vor als wichtig empfundenen Terminen, ob Bewerbungsgespräch oder Rendezvous fast jeder etwas länger vor dem Spiegel steht und sich Gedanken über seine Wirkung auf den anderen macht.

Was passiert? Die Verbraucher folgen im Grunde genau den Regeln des Marketing: Sie positionieren sich selbst als Marken-Persönlichkeit. Und benutzen die gelernten Vorurteile der verwendeten Marken als eigene Persönlichkeits-Eigenschaften, um sich selbst zu definieren: Als konservativ oder unkonventionell, als wohlhabend, besonders modisch, sehr sportlich oder intellektuell.

Denn hinter der FAZ steckt immer ein kluger Kopf!

Die benutzten Marken werden zum wichtigen Accessoire bei der Selbstdarstellung des gewünschten Eigen-Images. Und das heißt in der Konsequenz, dass die Grundnutzen-Qualitäten der verwendeten Marken völlig hinter den zusätzlich kommunizierten Verwender-Images zurücktreten.

Der Verbraucher definiert sich also selbst als Marke: Mit klar abgrenzbaren Eigenschaften. Und er benutzt dabei zunehmend die unterschiedlichsten Marken, um sich über deren unausgesprochene Marken-Images so darzustellen, dass er seinem gewünschten Selbstbild möglichst nahe kommt. Die Markenwahl innerhalb der Produktkategorie richtet sich nach der gewünschten Selbstdarstellung des Verwenders. Das Marken-Image soll das Verwender-Image prägen.

Je wichtiger den Konsumenten das Image ist, desto schwerer haben es die Marken, die kein modernes Image mehr haben. Die nächste Fallstudie zeigt auf, wie durch die Kommunikation das Verwender-Image verbessert werden kann. Quelle machte Verluste. Die Gründe hierfür waren vielschichtig, aber ein Hauptgrund für den zweistelligen Umsatzeinbruch war sicherlich das Image. Das führte natürlich zu einer enormen Verunsicherung draußen und drinnen.

Durch die Entwicklung einer neuen Kampagne mit der Zielsetzung, ein modernes, positives Verwender-Image zu erzeugen, konnten wir einen Werbespot entwickeln, der vom Verbraucher mit sehr gut bewertet wurde.

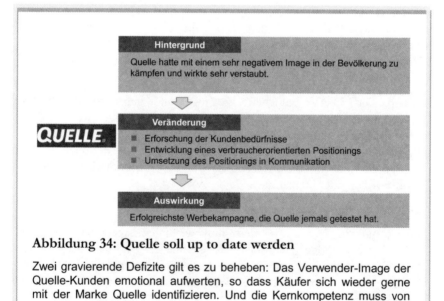

Abbildung 34: Quelle soll up to date werden

Zwei gravierende Defizite gilt es zu beheben: Das Verwender-Image der Quelle-Kunden emotional aufwerten, so dass Käufer sich wieder gerne mit der Marke Quelle identifizieren. Und die Kernkompetenz muss von den margenschwachen Technik-Produkten wieder auf die hochprofitablen Modeangebote gelegt werden.

Kundenbeispiel: Quelle

Bester jemals getesteter Quelle-Werbespot

Hintergrund:
Obwohl die ursprüngliche Fragestellung an uns sich auf die damals geschaltete Günter Jauch-Werbung bezog, stellte sich schnell heraus, dass wir dabei eher Symptome als Ursachen vor uns hatten. Also haben wir angefangen, die Ursachen der Quelle-Probleme zu analysieren und basierend auf Verbraucher-Forschung ein Verbraucher-Konzept entwickelt. Dieses wurde vom Vorstand abgesegnet und anschließend wurden wir beauftragt, dieses Positioning in der Umsetzung zu begleiten.

Ausgangssituation:
Quelle bietet zwar generisches Vertrauen durch die Grete Schickedanz-Kultur, hat allerdings enorme Defizite in der sozialen Kunden-Akzeptanz. Selbst der eigene Kunde möchte sich nicht mehr mit Quelle identifizieren. Quelle hatte auch keine wirklichen Kernkompetenzen in einer Produkt-Kategorie mehr. Im Gegenteil: die Forschung zeigte, dass es erhebliche Defizite bei Mode-Kompetenz gab. Oft war lediglich ein diffuser, nicht fokussierter Verbraucher-Nutzen erkennbar. Oder können Sie mir sagen, was der zentrale Kaufgrund für z.B. Privileg oder gar Universum sein könnte? Somit bestanden keine artikulierbaren Abgrenzungen zu Wettbewerbern.

Aufgabenstellung:
Wie lässt sich für Quelle mit möglichst großer Hebelwirkung zusätzlicher Verbraucher-Umsatz auslösen? Es gilt, die Einkaufsstätten-Präferenz für Quelle zu erhöhen und gleichzeitig eine eindeutig Quelle-Kernkompetenz (Verbrauchernutzen) zu definieren. Nachdem wir diese Fragen im Markenkonzept beantwortet hatten, sollten wir nun helfen, diese theoretische Zielsetzung anhand einer neu zu entwickelnden Kommunikation (Werbung, Katalog, Verkaufsförderung) möglichst schnell im Markt sichtbar werden zu lassen.

Positioning:
Aus Vertraulichkeitsgründen und wegen der Aktualität dieses Projektes wollen wir keine Detail-Informationen preisgeben. Wir können aber soviel sagen, dass unsere Empfehlung unter

anderem folgendes umfasste: Wir haben ein Gesamtkonzept erarbeitet, das für alle Warengruppen übergreifend die Kernkompetenzen neu definiert. Mit Konsequenzen bis in den Einkauf und das Sortiment. Mode bekam wieder Priorität. Das Sortiment wurde gestrafft. Marken und Eigenmarken bekamen im Gesamtkonzept Funktion und Daseins-Berechtigung. Und alle Aktivitäten des Positionings müssen einen erkennbaren Beitrag zu einem positiven Verwender-Image leisten.

Kommunikation:
Ein zentrales Anliegen war, möglichst alle Endverbraucher-Kommunikation mit einem einheitlichen Erscheinungsbild auszustatten, um so eine kumulative Wirkung der Millionen von Katalogen, Beilagen, Briefen und Aussendungen zu erreichen. Durch die konsequente Gestaltung mit dem horizontalen blauen Band wurde eine Gestaltung mit hohem Wiedererkennungswert geschaffen. Außerdem wurde der bisher halbjährliche Katalog aufgegeben, um durch eine erheblich dichtere Taktung deutlich mehr Kaufanstöße auszulösen.

Um das Image von Quelle zu verbessern, haben wir uns in die Kundschaft von Quelle hineingefühlt. Wir haben quasi das Lebensgefühl der Zielgruppe analysiert. Bei den verschiedenen Psychodramen ist sehr schnell aufgefallen, dass die Quelle-Kunden ganz klar Harmonizer sind. Wir haben jedenfalls gelernt, dass die Quelle-Käufer schon fast eine Spezies für sich sind und mit diesem Hintergrundwissen können wir erklären, warum z.B. der Computerbereich so erhebliche Umsätze macht.

Wer die neuen Werbespots von Quelle im TV sieht (seit Ende 2006 on Air), der wird feststellen, dass diese besonders modern, familienorientiert und freundlich wirken. Die Forschung beweist, damit sprechen wir dem modernen Quelle-Harmonizer aus dem Herzen. Die neuen Quelle-TV-Spots bringen die besten jemals für einen Quelle-Werbespot gemessenen Werte.

Es ist klar, dass eine solche Veränderung des Marken- und Verwender-Images nur durch kontinuierliche, konsequente Arbeit erreicht werden kann. Aber die Aufgabe, eine Marke in einem negativen Entwicklungs-Trend zu stoppen und wieder in eine positive Zukunft zu führen, ist eine der schwierigsten Herausforderungen, die es im Marketing gibt.

Vom Produkt-Nutzen zum End-Benefit

Das hat natürlich erhebliche Konsequenzen für das Marketing. Im Laufe der Jahre hatten wir durch Segmentationen für hunderte Marken nach dem jeweils besten Konzept in der jeweiligen Warengruppe gesucht. Und es stellt sich natürlich die Frage: Wie viele Bedürfnisse, wie viele Motivationen gibt es denn überhaupt?

Erfüllen zum Beispiel unterschiedliche Schokoladen-Artikel wie Tafelschokolade, Pralinen und Riegel tatsächlich völlig verschiedene Bedürfnisse? Steuern wirklich unterschiedliche Motivationen die Präferenz von Schokolade im Vergleich zu Gummibärchen? Oder gibt es eher Gemeinsamkeiten für alle Süßwaren gleichermaßen?

Und wenn man diese Frage stellt, kann man womöglich nicht gleich noch einen Schritt weiter gehen und die Hypothese aufstellen, dass vielleicht alle Genussmittel wie Süßwaren, Alkohol und Zigaretten in Wirklichkeit einer sehr ähnlichen Grundmotivation folgen?

Die Frage stellt sich also: Wie viele Bedürfnisse, wie viele unterschiedliche Motive steuern das Verhalten des Menschen? Und damit auch das Verwendungs- und Kaufverhalten der Verbraucher? Es ist doch wenig wahrscheinlich, dass in unserem Gehirn für jede Warengruppe eine eigenständige Motiv- und Bedürfnis-Struktur besteht, die unser Verhalten steuert.

Gibt es so etwas wie eine relativ kleine Anzahl von Grundbedürfnissen, aus denen heraus sich das menschliche Verhalten erklären lässt? Die sich zum Beispiel in den sieben Todsünden wieder finden lassen?

Gibt es also eine übergeordnete Motivations-Struktur, die unser Verhalten steuert? Kann man solche Strukturen erkennen?

Und lässt sich aufgrund solcher Motivationen künftiges Verhalten, zum Beispiel die Verwendung von Warengruppen oder gar Marken, mit hoher Wahrscheinlichkeit richtig vorhersagen?

Die Vorhersagen müssten nicht einmal im Detail immer richtig sein. Hauptsache die grobe Richtung würde schon einmal stimmen!

Was also genau wissen wir über Motivation?

Wie entsteht Motivation?

Die Psychologie und Sozio-Biologie arbeitet in den letzten Jahren immer deutlicher heraus, dass der Kern aller menschlichen Motivation seine

Ursache darin hat, zwischenmenschliche Anerkennung, Wertschätzung, Zuwendung oder Zuneigung zu finden oder zu geben.

Akzeptanz und Anerkennung sind also lebenswichtige psychologische Voraussetzung für geistige Gesundheit. Mehr noch, die geistige Gesundheit steht in direkter Wechselwirkung mit der körperlichen Gesundheit. Langfristige soziale Isolation oder Ausgrenzung führt zu Apathie, zum Zusammenbruch jeglicher Motivation, zum Zusammenbruch des Immunsystems und zu schweren körperlichen Schäden bis hin zum Tod.

Motivation entsteht aus dem Zusammenspiel und der Wechsel-Wirkung von Körper und Geist.

Wechsel-Wirkung: Das Gehirn macht aus Psychologie Biologie.

Heute geht man im Wesentlichen davon aus, dass das menschliche Verhalten in erheblichem Maße durch häufig unbewusste psychologische Motive und die dadurch ausgelösten Ausschüttungen körperlicher Botenstoffe in starker Wechselbeziehung zueinander beeinflusst wird.

Sehr vereinfacht dargestellt: Der Körper besitzt ein Motivations-System aus drei körpereigenen Stoffen:

Erstens: Die Dopingdroge Dopamin ist quasi der Erregungs-Treibstoff und erster Auslöser der Motivation. Dopamin versetzt uns in einen Zustand von Konzentration und ERWARTUNGS-HALTUNG. Es erzeugt das Gefühl eines Bedürfnisses, von Verlangen. Interessant ist, dass es bereits bei der Aussicht auf die Wunscherfüllung zur Dopamin-Ausschüttung kommt. Also bevor das Ziel der Wünsche erreicht ist, wird ein Gefühl des Wohlbefindens erzeugt.

Zweitens: Körpereigene Opioide machen high! Sie wirken feiner dosiert etwa wie Opium oder Heroin und haben positive Effekte auf das Ich-Gefühl und die Lebensfreude. Subjektiv haben wir wohltuende und entspannende Empfindungen: Fühlen, wie sich Angst und Stress reduzieren. Dieses HOCHGEFÜHL verstärken quasi auch alle Drogen wie Nikotin, Alkohol etc., und genau das macht auch ihren Reiz aus.

Drittens: Der Botenstoff Oxytozin verstärkt VERTRAUEN: Bekanntschaften unterscheiden sich von Bindungen durch ihre längere Haltbarkeit. Gewöhnlich geht mit positiver Verbundenheit ein Gefühl einher, das wir Vertrauen nennen. Oxytozin verstärkt das positive Gefühl eingegangener Verbindungen, indem die Bereitschaft, Vertrauen zu schenken, deutlich erhöht wird. (Zum Beispiel beim Geburtvorgang und beim Stillen an der Brust.)

Vertrauen schafft Vertrauen. Misstrauen und Ablehnung, noch mehr erlebte Unfairness, begünstigen eher Aggression. Gewaltbereitschaft entsteht also vor allem dadurch, dass Individuen selbst Gewalt erlebt haben.

Diese drei körpereigenen Botenstoffe erfüllen durch das Glücks- und Genuss-Potenzial die Voraussetzungen eines Motivators: Bewusst oder unbewusst tendieren wir dazu, unser Verhalten so zu organisieren, dass es in uns zu einer Ausschüttung dieser Substanzen kommt.

Kern aller Motivation scheint zu sein, zwischenmenschliche Anerkennung und Zuwendung zu finden oder zu geben. Das Bemühen des Menschen, als Person gesehen zu werden, steht noch über dem, was landläufig als Selbsterhaltungstrieb bezeichnet wird.

Dafür hat die Sozio-Biologie für den Menschen den Begriff „Social Brain" geprägt.

Es bleibt also die Frage, ob es übergeordnete Motivations-Strukturen gibt, die es ermöglichen, Menschen so in Typologien einzuordnen, dass sich bestimmte Verhaltensweisen wie der Konsum von bestimmten Warengruppen oder gar Marken mit hoher Wahrscheinlichkeit richtig vorhersagen lassen.

6.2 Welche Vorteile haben Typologien?

Trend zu Typologien

Wir haben gesehen: Es gibt interessante, abgrenzbare Zielgruppen. Manchmal sind diese Zielgruppen schwer zu definieren. Insbesondere weil die Soziodemographie heutzutage nicht mehr so gut zur Abgrenzung geeignet ist wie früher. Aus diesem Grund empfehlen wir, die Zielgruppe zusätzlich anhand von psychologischen und typologischen Merkmalen wie zum Beispiel durch BrainCluster abzugrenzen.

Um Ihr Produkt und Ihre Kommunikation besser ausrichten zu können, sollten Sie Ihre Zielgruppe möglichst genau eingrenzen und beschreiben können. Und zwar nicht nur nach soziodemographischen, sondern auch nach psychologisch-typologischen Merkmalen.

Anforderungen an Typologien

Schon seit Jahrtausenden träumen die Menschen davon, solche Persönlichkeits-Typen zu finden. Denken Sie nur an die Tierkreiszeichen und die ihnen jeweils zugeordneten Charakter- und Persönlichkeits-Eigenschaften.

1948 geboren	1948 geboren
in GB aufgewachsen	in GB aufgewachsen
verheiratet	verheiratet
zwei Kinder	zwei Kinder
beruflich erfolgreich	beruflich erfolgreich
vermögend und berühmt	vermögend und berühmt
liebt Hunde und mag die Alpen	liebt Hunde und mag die Alpen

Abbildung 35: Psychologie statt Soziodemographie

Der Vergleich von Prince Charles und Ozzy Osbourne soll verdeutlichen, dass eine Zielgruppendefinition ausschließlich anhand von soziodemographischen Merkmalen nicht ausreichend ist. Kundengruppen lassen sich immer schlechter über Soziodemographie und immer besser über psychologische Bedürfnisse abgrenzen. Gute psychologische Typologien sind der Soziodemographie überlegen.

Das Beispiel in der obigen Abbildung soll veranschaulichen, dass soziodemographische Merkmale alleine meistens nicht ausreichen, um Zielgruppen gut und sauber abzutrennen.

Der Markt ist voll von Typologien: GfK-Lifestyles. Sinus Milieus. Roland Berger Profile. Das Problem dieser Ansätze lässt sich am einfachsten erklären, wenn man einmal das Anforderungsprofil aus Marketingsicht zusammenfasst.

Was sollte ein solches Persönlichkeits-System leisten?

- Es muss RICHTIG sein: Sollte also marktnahe Prognosen ermöglichen. Vorhersagen von Verhalten, die man später anhand von quantitativer Forschung überprüfen kann.

- Es muss EINFACH sein: Sonst ist es für die tägliche Marketingarbeit wenig hilfreich. Denn es muss allen Beteiligten am Prozess, vom Produktentwickler, Packungsgestalter bis zur Werbeagentur schnell und nachvollziehbar zu vermitteln und anwendbar sein.

- Es muss UMFASSEND wirken: Es sollte auf möglichst alle Entscheidungsmuster einer Person anwendbar sein, also nicht nur für einzelne Warengruppen, Themenbereiche oder Lebensphasen.

- Die Gruppen müssen sicher, das heißt KONSTANT und unverwechselbar bestimmbar sein. Außerdem sollen die Gruppen durch Wieder-Auffindungs-Statements schnell und mit hoher Zuverlässigkeit gruppiert und zum Beispiel für Folgetests angefiltert werden können.

Entdeckung von BrainClustern

Nach jahrelanger Beschäftigung mit der zur Verfügung stehenden Literatur zu diesem Thema, eigener Forschung und vielen Anwendungen in der Praxis haben wir eine solche Struktur gefunden.

Diese Struktur hat sich in der täglichen Praxis bewährt und ist in den letzten 15 Jahren bei mehr als siebentausend Marktforschungs-Studien mitgelaufen. Aus diesem Grund empfehlen wir diesen Ansatz: Das BrainCluster-Konzept.

Wir kennen natürlich die alternativen Angebote wie zum Beispiel Limbic. An dieser Stelle möchten wir nicht auf die Unterschiede im Detail eingehen, sondern einfach nur darstellen, wie ein solcher Ansatz im Marketing nützlich und hilfreich sein kann.

Um es deutlich zu sagen: Es geht uns nicht darum, einen Alleingültigkeits-Anspruch durchzusetzen.

Wir benutzen BrainCluster, weil der Ansatz nützlich ist und wir inzwischen viel über die drei Grundtypen wissen und es täglich anwenden können.

Ähnlichkeiten zur Evolution

Besonders verblüffend war die Erkenntnis, dass die BrainCluster-Grundstruktur eine hohe Nähe zur Systematik der Darwin'schen Evolutions-Theorie aufweist. Die Evolution arbeitet auch mit den drei Grund-Dimensionen:

- FIXIERUNG: Nutzung von Bewährtem, mit starkem Beharrungsvermögen
- MUTATION: Schaffung von neuen Alternativen z.B. durch Innovationen
- SELEKTION: Auswahl der besten Alternative im Wettbewerb

Obwohl inhaltlich im Detail durchaus unterschiedlich, taucht diese Basis-Struktur von jeweils drei Grundmotivationen auch bei vielen ähnlichen Typologie-Ansätzen von Osgood, Häusler und MacLean immer wieder auf.

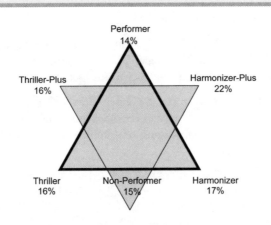

Abbildung 36: Typologie BrainCluster (Dreier & Sechser-Lösung)

BrainCluster geht als Grundstruktur von einer Dreiteilung der erwachsenen Bevölkerung aus. Zur spitzeren Abgrenzung von Marken untereinander kann die differenziertere 6er-Lösung hilfreich sein. Vorteil des Ansatzes: Er beschreibt Zielgruppen sehr plastisch, so dass auch Umsetzer wie Agenturen, Packdesigner, Mediaplaner etc. gemeinsam ein einheitliches Bild/Gefühl für die Zielgruppen bekommen.

Das BrainCluster-Konzept geht auch von diesen drei grundlegenden Einflüssen auf das Verhalten jedes Menschen aus, wie es ausführlich in dem Buch „BrainCluster" von Peer-Holger Stein, 1998 veröffentlicht wurde. An dieser Stelle soll eine kurze Beschreibung der einzelnen BrainCluster folgen.

Beschreibung der drei Grundtypen

Natürlich wirken bei jedem Menschen alle drei Dimensionen nebeneinander, aber vielleicht nicht gleich stark. Durch die Prägungen in frühkindlichen und pubertären Phasen wird anscheinend bei jedem Menschen eine dieser Dimensionen verstärkt ausgeprägt. Wahnsinnig vereinfacht, aber pragmatisch, lassen sich daraus drei Basis-Persönlichkeits-Typen mit einem erkennbaren Schwerpunkt auf jeweils einer dieser Dimensionen ableiten: Harmonizer, Thriller, Performer

Sehr anschaulich zeigen sich die Interessens-Unterschiede bei den präferierten Sendeformaten im Fernsehen:

Harmonizer (heile Welt)	Thriller (neue Reize)	Performer (Information)
Daily Soaps	Horror	Wissenschaft
Liebesfilme	Science Fiction	Wirtschaft
Heimatfilme	Thriller	Politik
Prominente	Spionage	Kulturen
Game Shows	Comedy	Länder
Schlager	Comics / Clips	Kunst
Western	Rock-Sparten	Biographien
Volksmusik	Erotik	Klassik / Jazz

Abbildung 37: BrainCluster präferieren verschiedene Sendeformate

Die drei verschiedenen BrainCluster präferieren deutlich unterschiedliche Sendeformate. Bei der Analyse der Sendeformate für einen großen deutschen Fernseh-Sender haben sich diese drei BrainCluster deutlich herauskristallisiert. Die BrainCluster haben auch sehr unterschiedliche Vorlieben für Bücher und Musik.

Auffällig war auch, dass sich schon bei der Verwendungshäufigkeit einzelner Warengruppen deutliche Schwerpunkte bei den BrainClustern zeigten:

Harmonizer	Thriller	Performer
Bier	Alkopops	Wein
Gelbe Limo	Cola	Mineralwasser
Konfitüre	Nutella	Honig
Frischwurst	Salami	Schinken

Und auch bei den Marken-Präferenzen zeigen sich deutliche Zusammenhänge, wie die folgenden Beispiele exemplarisch zeigen sollten:

Harmonizer (heile Welt)	Thriller (neue Reize)	Performer (Information)
Quelle	H & M	Manufactum
Werther's Echte	Red Bull	Jever
Milka	Smirnoff Ice	Audi
Jacobs Krönung	Fisherman's Friend	Montblanc
Opel	Beck's Bier	Boss
Holsten Bier	Mini	Lindt
Bertelsmann Club	AXE	Davidoff
Nivea	Levi's Jeans	Wrigley's Extra
Schiesser	Jules Mumm	Miele

Abbildung 38: BrainCluster bevorzugen verschiedene Marken

Bei der Analyse verschiedener Warengruppen lassen sich deutliche Schwerpunkte der BrainCluster bei einzelnen Marken feststellen. Die Abbildungen sollen helfen, ein schnelles Gespür für die BrainCluster-Zielgruppen zu bekommen.

Holistischer Ansatz

Der Charme dieses Ansatzes liegt darin, dass man aufgrund einzelner Verhaltensweisen auf das Verhalten in völlig anderen Bereichen mit erstaunlicher Sicherheit schließen kann.

Die Vorteile eines solchen Konzeptes liegen auf der Hand: Denn damit liegt ein Grundraster sehr menschlicher Kriterien vor, die es ermöglichen, Verhalten überwiegend richtig vorherzusagen. Und sich auch emotional in die Zielgruppen einzufühlen.

Das Arbeiten mit BrainClustern ist besonders hilfreich, weil es im Marketing sofort pragmatisch anwendbar ist. Selbstverständlich ist eine Vereinfachung auf nur drei Persönlichkeitstypen eine aberwitzige Reduktion der menschlichen Individualität.

Aber für unsere Marketing-Zielsetzungen bietet sie unschätzbare Vorteile, denn dieser Ansatz ist, einmal gelernt, für alle Produktbereiche bis hin zum Medienverhalten und zu ästhetischen Präferenzen anwendbar.

Grundfunktionen des Hirns steuern Verhalten

Warum kann man das Verhalten bis hin zur Marken-Bevorzugung der BrainCluster mit hoher Wahrscheinlichkeit vorhersagen?

Das liegt daran, dass bei den drei BrainCluster-Typen verschiedene Grundbedürfnisse im Gehirn sehr unterschiedlich ausgeprägt sind. Die Personen der drei BrainCluster haben verschiedene Bedürfnisse und damit drei unterschiedliche Weltbilder im Kopf.

Die jeweiligen Warengruppen und Marken bedienen mit Ihren Nutzen-Versprechen diese Bedürfnisse der BrainCluster-Gruppen unterschiedlich gut. Die BrainCluster-Typen bevorzugen, kaufen und verwenden dementsprechend unbewusst jeweils die Produktkategorien und Marken, die Ihre Bedürfnisse am besten erfüllen.

Basierend auf dieser Ursache-Wirkungs-Kette kann man daher das Verwendungs- und Kauf-Verhalten einschließlich der Marken-Bevorzugung durch BrainCluster erheblich besser vorhersagen, als dies anhand von soziodemographischen Merkmalen der Fall wäre.

Da wir in diesem Buch versuchen, alles etwas zu vereinfachen, haben wir bereits davon gesprochen, dass alle Verbraucher versuchen, in das problem- und sorgenfreie Paradies auf Erden zu gelangen. Produkte sind lediglich ein Hilfsmittel, um dem Paradies möglichst nahe zu kommen.

Nachdem wir die BrainCluster kennen gelernt haben, können wir sagen, dass das Paradies für jedes einzelne BrainCluster sehr unterschiedlich aussieht. Man kann also sagen, dass es aufgrund von Gehirn-Dominanzen DREI VERSCHIEDENE Paradiese gibt.

- Performer leben eher zukunftsorientiert. Sie begreifen das Leben als Herausforderung. Sie suchen verstärkt Sach-Informationen, lesen Sachbücher und bevorzugen Performer-Marken wie z.B. Audi.

- Thriller leben im Hier und Jetzt. Sie suchen ständig neue Reize. Lesen wenig, sehen gerne Actionfilme, bevorzugen trendorientierte Thriller-Marken wie z.B. Axe.

- Harmonizer leben eher vergangenheits-orientiert. Sie lieben das Bewährte und Zuverlässige. Sie lesen gerne Gefühls-Romane, sehen gerne TV Soaps, Klatsch und Game-Shows. Sie bevorzugen bodenständige Marken wie z.B. Quelle.

6.3   Wie viele Teilmärkte stecken im Markt?

Bis zu diesem Zeitpunkt haben wir aufgezeigt, wie man die verschiedenen Produktkategorien durch Clusterungen in Teilmärkte aufteilen kann und so Warengruppen besser strukturieren und analysieren kann.

Dabei haben wir über aufwendige Computerprogramme alle Verbraucher einer Produktgruppe mit gleichen Bedürfnisstrukturen zu Gruppen zusammengefasst und dann herausgearbeitet, welche Marken diese Segmente dominieren und wie sich die Käufer und deren Motivationen beschreiben lassen.

Diese Vorgehensweise wird bis heute als die beste Möglichkeit gesehen, einen Markt zu analysieren.

Aber sie hat einen entscheidenden Nachteil: Die Anzahl der Cluster wird willkürlich nach pragmatischen Überlegungen festgelegt. Man sucht nach einer Teilmarktlösung mit möglichst wenigen Clustern, die trotzdem die Bedürfnisstruktur der Verbraucher und ihr Kaufverhalten, zum Beispiel bei der Markenwahl, so stark wie nur möglich spreizt.

Das ist zwar eine gute, pragmatische Lösung, aber eine Frage bleibt unbeantwortet: Wie viele Konzepte stecken in jeder Warengruppe? Ist die Anzahl der Teilmärkte von Warengruppe zu Warengruppe immer unterschiedlich?

Oder gibt es so etwas wie eine Basis-Hypothese als wahrscheinlichste Ausgangs-Situation? Wenn wir wie die Firma Effem den Markt für Katzenfutter völlig dominieren würden, mit wie vielen Konzepten ließe sich dann diese Produktkategorie optimal abdecken?

BrainCluster plus Value

Mit unserem heutigen Wissen würden wir zunächst vier Basis-Positionierungen prüfen. Wie sie sicher schon erwartet haben, würden wir zunächst die Kategorie-Verwender nach den drei BrainClustern gruppieren. Und dann eine wichtige zusätzliche Dimension einführen: Value for money.

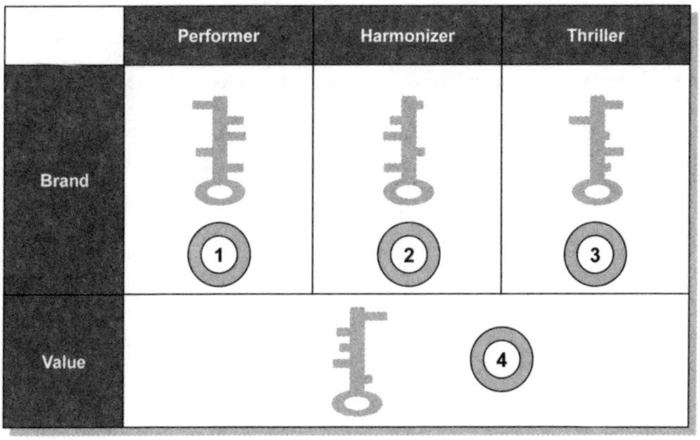

Abbildung 39: Ausgangs-Hypothese: BrainCluster plus Value

Liegt keine bessere Hypothese vor, empfehlen wir zunächst einmal von mindestens vier sinnvollen Basis-Konzepten auszugehen: Die drei BrainCluster auf ausreichend Potenzial und Differenzierung zu prüfen, sowie als zusätzliche Möglichkeit die Value-Käufer vorzusehen. Eine wichtige Zusatz-Info kann sein: In welchem Teilmarkt sitzt der Schwerpunkt der Heavy User?

Hätten wir ansonsten keinerlei Informationen über einen Teilmarkt, so würden wir von der folgenden Basis-Hypothese ausgehen: Theoretisch sind in jeder Warengruppe mindestens vier Teilmärkte möglich. Zunächst sollte man prüfen, ob sich ein Angebot für die drei BrainCluster-Gruppen Harmonizer, Thriller und Performer lohnt und wie es wohl aussehen müsste.

Neben diesen drei Teilmärkten gibt es in fast jeder Warengruppe eine Zielgruppe, die man für keinen Zusatznutzen begeistern kann und die daher fast ausschließlich über den Preis kaufen. Daher sollte man prüfen, ob es sich lohnt, eine billige Preis-Leistungs-Marke anzubieten.

Dahinter steht der Gedanke, dass es, wenn wir einen völlig jungfräulichen Markt vor uns hätten, besonders sinnvoll sein müsste, zu prüfen, wie eine dominante Markenbesetzung der Produktkategorie im Sinne der drei BrainCluster aussehen müsste. Um so MarkenMonopole im Sinne von dominanten Marken zu schaffen, die den Markt quasi in Sub-Kategorien aufteilen. So eigenständig, dass genaugenommen die jeweiligen Marken kaum noch in einer direkten Konkurrenz-Beziehung zueinander stehen.

Wie BrainCluster bei der Marken-Positionierung helfen

Die Konsequenzen dieser Entdeckung zeigten sich im Laufe der letzten zehn Jahre in der Forschung und der Umsetzung der Informationen in die konkrete Marketingpraxis. Denn nach und nach fingen wir nun an, innerhalb der Produktkategorie die Marken in jeweils eines der BrainCluster zu positionieren.

So positionierten wir Marken wie Levi's Jeans und Axe auf die Thriller. Die Biermarke Jever und Wrigley's Extra auf die Performer. Cremissimo und Landliebe auf die Harmonizer.

Um weitere Marken noch genauer positionieren zu können, hatten wir eine differenziertere Sechser-Lösung der BrainCluster eingeführt. Also zum Beispiel eine Zwischengruppe zwischen den Harmonizern und Performern, welche wir HarmonizerPlus nannten. Dies half uns auch in Produktkategorien mit starker Markenbesetzung neue Marken noch genauer erfolgreich zu positionieren.

Die Gruppe der Harmonizer Plus rekrutierte sich überdurchschnittlich aus Harmonizern, die etwas besser gebildet waren und die echten

Performer als erstrebenswertes Vorbild sahen, ohne wirklich die Einstellungskriterien der Performer mitzubringen. Sie leben nach dem Motto: „Meine Kinder sollen es einmal besser haben." Früher hätte man vielleicht Bildungsbürgertum gesagt.

Auf diese Zielgruppe wurde zum Beispiel die Weinmarke Blanchet positioniert. Mit einer Werbung, die den HarmonizernPlus eine Performer-Welt versprach, wie sie sich diese vorstellen. Dabei ist es mehr als zweifelhaft, ob diese Marke für einen echten Performer-Weinkenner wirklich die erste Wahl wäre.

Oder für die weibliche ThrillerPlus-Gruppe wurde aus der Performer-Sektmarke Mumm eine zusätzliche Alternative unter Jules Mumm entwickelt, die sich mit einem eher fruchtigen Produkt und einer eigenständigen Werbung schnell im Markt gegen den Marktführer Freixenet etablierte und erhebliche Umsätze erreichte. Siehe hierzu auch die Fallstudie im Kapitel 3.4.

Smirnoff Ice und Beck's Gold wurden dagegen auf die männlichen ThrillerPlus positioniert.

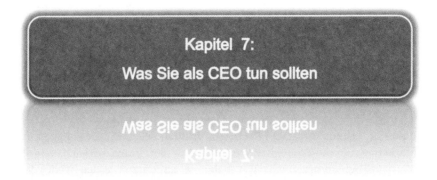

7 WAS SIE ALS CEO TUN SOLLTEN

Was sind die zentralen Aussagen, die wir einem CEO mitgeben können, um seine Chancen durch strategisches Marketing zu erhöhen und unnötige Fehler zu vermeiden?

7.1 Unternehmertum und strategisches Marketing

Kümmern Sie sich selbst ums strategische Marketing

Die wichtigste Botschaft dieses Buches ist die Aufforderung, sich als CEO selbst um das strategische Marketing zu kümmern. Begreiflich zu machen, dass strategisches Marketing für die URSPRÜNGLICHE FUNKTION des Unternehmers steht, ein gewünschtes, begehrenswertes konzeptionelles Angebot für das Unternehmen zu schaffen. Und es innerhalb aller Fachbereiche durchzusetzen.

Es geht um das inhaltliche Konzept, den Kaufgrund für ihr Angebot: Das was der Auslöser für den originären Unternehmer war, die Firma zu gründen. Lange bevor man sich um organisatorische Abläufe, die Optimierung der Vermarktung und die Profit-Optimierung gekümmert hat.

Das entscheidende Defizit entstand, als die Unternehmer-Persönlichkeit durch Kapitalgesellschaften abgelöst und die Marketing-Funktion in eine eigenständige Abteilung ausgegliedert wurde. Der Unternehmer glaubte vermutlich, dass er sowohl das strategische als auch das operative Marketing an die Marketing-Abteilung delegieren kann.

Aber die Marketing-Abteilung KANN sich gar nicht verantwortlich um das strategische Marketing kümmern, weil die Marketing-Verantwortlichen in keiner uns bekannten Kapitalgesellschaft auch mit den dafür notwendigen Kompetenzen ausgestattet worden sind. Es fehlt der Abteilung schlichtweg die notwendige Macht und Weisungsbefugnis, um das strategische Marketing durchzusetzen.

Bestenfalls ist Marketing ein gleichberechtigter Vorstandbereich, neben Finanzen, Produktion und Vertrieb. In den allerseltensten Fällen ist Marketing für die strategische Ausrichtung der Firma wirklich verantwortlich. Schlimmer noch: Wir haben Klienten mit vielen Milliarden Euro Umsatz beraten, bei denen das strategische Marketing auf der vierten (!) Hierachie-Ebene innerhalb des Vertriebs-Bereiches (!) angesiedelt war.

So entstand beim Übergang vom Unternehmer zum Geschäftsführer das entscheidende Defizit: Mit dem Risiko, dass keiner mehr im Unternehmen das STRATEGISCHE Marketing verantwortet. Keiner kümmert sich ausreichend darum, das Marken-Angebot und damit die gesamte Firma konsequent auf die KUNDENBEDÜRFNISSE auszurichten.

So kommt es, dass die Marketing-Abteilung sich verstärkt darum bemüht, die Präferenz der eigenen Marke im Wettbewerbs-Umfeld zu verbessern. Deshalb laufen fast alle Markenartikler in die Trial & Error-Falle wie zu Beginn des Buches beschrieben: Und kaum ein CEO stellt wirklich, nicht nur in Sonntagsreden, die Kundenbedürfnisse in den Mittelpunkt und setzt das daraus entstehende strategische Marketing im eigenen Haus gegenüber allen Fachabteilungen durch.

Strategisches Marketing ist der BLINDE FLECK der Unternehmensführung.

Apple mal mit und mal ohne strategisches Marketing

Hier kommt ein kleines Beispiel:

Steve Jobs legte bei Apple durch eine überlegene Bedienungs-Oberfläche die Basis für einen Welterfolg gegenüber Microsoft. Gravierende Fehler im strategischen Apple-Marketing ließen Microsoft zum absolut dominierenden Wettbewerber werden. Apple hat zwar perfekte Computer gebaut, aber es nicht geschafft, einen Massenmarkt damit anzusprechen.

Mit der Rückkehr von Steve Jobs zu Apple in 2001 und der Entwicklung des iPod innerhalb von nur acht Monaten begann die STRATEGISCHE Ausrichtung von Apple in Richtung Media-Konzern. Der iTunes Music Store ermöglicht, es Musik gegen Gebühr direkt auf den iPod zu laden. Gleichzeitig wird der iPod Speichermedium für digitale Bilder, später auch Videos.

Obwohl der iPod der teuerste Anbieter auf dem Markt der MP3-Player ist, bleibt das Gerät der absolute Marktführer. Ständige Produkt-Optimierungen und eine Kampagne, die verstärkt das VERWENDER-IMAGE des Gerätes herausstellt, führen zu enormen Umsatz- und Profitsteigerungen.

Im Frühjahr 2007 stellt Steve Jobs erste Muster eines Apple iPhones vor, das alle wesentlichen Funktionen eines Foto-Handys einschließlich eines Kleincomputers beinhaltet. Obwohl als Preis für das iPhone ab $ 400 angegeben werden, plant Apple 100 Mio. Stück bis 2008 abzusetzen.

Vermutlich kommen Ihnen inzwischen viele Punkte ziemlich bekannt vor: Ein erfolgreiches Startkonzept. Eine Computerfirma, die nur operativ und nicht mehr strategisch geführt wird. Die Rückkehr des Unternehmers, der durch strategisches Marketing die Firma neu ausrichtet und das operative Marketing dem strategischen Marketing unterordnet.

Klingt so selbstverständlich?

Dann stellt sich die Frage, warum es Sony nicht gelungen ist, eine vergleichbare Innovation wie den iPod zu lancieren. Immerhin hätte es doch die konsequente Fortsetzung der früheren Welt-Innovation Sony Walkman sein können. Warum entwickelt nicht Sony ein vergleichbares Handy wie iPhone? Denn bei Sony wären mit der Unterhaltungs-Elektronik, Sony-Ericsson und der Computer-Abteilung alle Voraussetzungen gegeben. Aber Sony hat sich schon vor gut 15 Jahren vom strategischen Marketing verabschiedet.

Schade.

Was wir damit sagen wollen?

Kümmern Sie sich selbst um das strategische Marketing. Wenn Sie es nicht tun, gefährden Sie den mittelfristigen Erfolg der Firma. Denn dann leben Sie nur noch von der Fortführung der Erfolge aus der Vergangenheit.

Unterschätzen Sie nicht: Ihre CEO-Initiative stärkt den Stellenwert des strategischen Marketings innerhalb Ihrer Firma erheblich.

Das zentrale Thema dieses Buches sollte rübergekommen sein:

Kümmern Sie sich selbst um das strategische Marketing. Unterschätzen Sie nicht, welche starken Signale ihr persönliches Engagement ausstrahlt: Es signalisiert allen Mitarbeitern den Stellenwert, den Sie dem Thema einräumen.

Gute Marken-Konzepte sind langfristig

Vergessen Sie nicht: Viele erfolgreiche Firmen sind innerhalb erstaunlich kurzer Zeit abgerutscht, weil der bisherige Erfolg nur weiter gemanagt wurde. Durch die Erfolge aus der Vergangenheit verwöhnt, hatte sich oft genug eine gewisse Überheblichkeit eingeschlichen. Und anderes herum können auch kleinere Firmen mit einem guten Konzept und konsequentem Marketing schnell aufsteigen. Dies belegen die Beispiele von Axe, Cremissimo, Landliebe, Rexona etc. in diesem Buch.

Und lassen Sie sich keinen Sand in die Augen streuen mit Sprüchen wie dem vom Lebenszyklus einer Marke: Produkte, vor allem technische Produktkategorien, unterliegen solchen Zyklen - Marken nicht!

Genau hier zeigt sich wieder der Unterschied, ob Sie eine Kernkompetenz für ein emotionales Verbraucher-Versprechen oder für einen Produkt-Nutzen besetzt haben: Attraktivitäts-Gewinn (Selbstwertgefühl/Verwender-Image), Gesundheit oder Genuss sind zeitlose Verbraucher-Nutzen.

So erklärt sich auch, warum in vielen Produktkategorien die Marktführer (und noch krasser die MarkenMonopole) über Jahrzehnte hinweg ihre Spitzenposition beibehalten konnten. Und bei genauerem Hinsehen wird deutlich, dass auf der Produkt- und Kommunikations-Ebene im Laufe der Jahre erhebliche Veränderungen notwendig waren, um das Angebot zeitgemäß zu halten. Und damit über viele Jahre die beste erreichbare Alternative für Kunden zu bleiben.

Konsequente Durchsetzung

Erstaunlich viele gute Konzepte schaffen es nicht in die konkrete Umsetzung. Das gilt besonders für große Konzerne mit vielen Hierachie-Stufen. Dafür gibt es vermutlich viele, sehr unterschiedliche Gründe.

Oft genug wird das neue Konzept nicht ausreichend im eigenen Hause kommuniziert und penetriert. Oder es stößt auf banale Widerstände wie die inoffiziellen Machtverhältnisse unterschiedlicher Bereiche und Hierachien. Da werden unglaubliche Kräfte verschlissen, weil man zwar am gleichen Strang zieht, aber in unterschiedliche Richtungen. Oder man versucht durch die zeitliche Verschleppung und nur teilweise Umsetzung des Konzeptes den bisherigen Ansatz zu erhalten.

Einer der zügigsten und erfolgreichsten Relaunches in meiner Karriere war das Landliebe-Projekt bei Südmilch-Campina. Mein früherer Boss Peter Fischer (von Reynolds Zigaretten) hatte mich für die Konzept-Entwicklung und Umsetzung um Hilfe gebeten.

Landliebe hatte bereits im dritten Jahr jeweils mehr als zwanzig Prozent Umsatzverluste eingefahren und der Aufschlagpunkt ließ sich langsam absehen. Das führte dazu, dass wir die oben beschriebenen Entwicklungs-Schritte unter enormem Zeitdruck durchführten. Es ging um das Überleben der Firma und Peter Fischer zog die Entscheidungsgewalt konsequent an sich.

Nachdem das Konzept intern verabschiedet wurde, stellte er nach einer Präsentation seine Mitarbeiter vor die Alternative, entweder das Konzept mitzutragen oder aus dem Unternehmen auszuscheiden. Und so geschah es.

Aus der Not knapper Budget- und Zeit-Ressourcen heraus hatte der CEO einiges brutal richtig gemacht:

- Er stellte sich unverkennbar hinter das Konzept.
- Er konzentrierte sich auf wenige Schlüssel-Elemente.
- Er setzte für die Lebensnerven immerzu Prioritäten
- Er prüfte alle relevanten Mix-Elemente auf Wirksamkeit
- Er machte keine Kompromisse

So suchten wir quälend lange, über mehr als achtzehn Monate, nach einer Kommunikation, die emotional und unverwechselbar den Verbrauchernutzen penetrierte. Bis wir den Slogan „Liebe ist, wenn es Landliebe ist" gefunden haben, der ein wesentlicher Baustein des Relaunches wurde.

Glauben Sie mir: Die Versuchung war groß, sich nach immer neuen Kampagnen und Slogan-Vorschlägen und mittelprächtigen Testergebnissen mit Mittelmaß zufrieden zu geben. Ich bewundere noch heute

Peter Fischer dafür, diesen Druck über eine so lange Zeit ausgehalten zu haben.

Wenn es um viel Geld geht, sollten konkrete Zahlen und Beweise angeführt werden, dass der zukünftige Weg auch der richtige ist. Die Intuition kann zusätzlich hilfreich sein, aber wir brauchen messbare Systeme, um Erfolg oder Misserfolg unzweifelhaft beweisen zu können. Und in eine Lernschleife einzubinden, um sicherzustellen, dass Fehler nicht wiederholt werden. Es gibt ausreichend Auswahl an neuen Fehlern ...

Lebensnerven nach dem Pareto-Prinzip

Wenden Sie die 80:20-Regel auch auf Ihre persönlichen Prioritäten an:

Kümmern Sie sich um WENIGES, aber WICHTIGES!

Seien Sie intelligent faul! Das Perato-Prinzip (80:20) beweist, dass es in allen Bereichen wenige wichtige Dinge gibt, die durch ihre enorme Hebelwirkung für den Gesamterfolg entscheidend sind.

- 20 Prozent Ihrer Kunden machen 80 Prozent Ihres Umsatzes.
- 20 Prozent Ihres Sortiments machen 80 Prozent Ihres Gewinns.
- 20 Prozent Ihrer Entscheidungen machen 80 Prozent Ihres Erfolges aus.

Deshalb lassen Sie sich nicht vom Tagesgeschäft auffressen: Nehmen Sie sich die Zeit, um einen Zwischenstatus zu ziehen und zu prüfen, ob Sie und Ihre Firma noch auf die wesentlichen Lebensnerven fokussiert sind. Fixieren Sie dafür unbedingt einen festen Termin. Denn wenn Sie es sich nur vornehmen und auf die Lücke im Terminplan warten, passiert es nie ...

Klären Sie, warum Ihre Marke bisher so erfolgreich ist. Führen Sie es auf wenige entscheidende Kernkompetenzen zurück. Und halten Sie inhaltlich an diesen Erfolgsfaktoren fest. Aber erzählen Sie immer wieder den gleichen Inhalt in neuen Geschichten. Wenn es Ihnen langsam zu den Ohren raus kommt, kommt die Nachricht erst langsam beim Kunden an.

Auffällig oft versuchen besonders neue Mitarbeiter (um ihre Daseinsberechtigung zu beweisen und der Firma ihre Duft-Marke aufzudrücken), ein bestehendes Erfolgskonzept zu verschlimmbessern!

7.2 Überlegungen zu Geld und Zeit

Was kostet die Entwicklung eines neuen Konzepts

Solange man kein Ziel hat, ist jeder Weg richtig. Wenn man kein eindeutiges, auf Richtigkeit geprüftes Ziel hat, wird das ganze Geld, das man ausgibt, nicht zielgerichtet genug eingesetzt. Da werden Millionen rausgeschmissen. Immer wieder haben wir Unternehmen mit Milliarden-umsätzen kennen gelernt, die keine schriftliche Zielsetzung oder gar ein Positioning hatten.

Beim Werbebudget lässt sich spielend und ohne jede Übertreibung die Effektivität um 20, 30 oder oftmals auch um 100 Prozent steigern. Dazu müssen „lediglich" die Kommunikationsziele geklärt und die Kommuni-kation, zum Beispiel die Werbekampagne, vor dem Einsatz im Markt auf Wirksamkeit geprüft werden.

Da kommen durch effektivere Konzepte und Umsetzungen schnell sehr viele Millionen Euro zusammen, die man Jahr für Jahr besser nutzen kann. Also machen Sie sich weniger Gedanken um das Konzept-Entwicklungs-Budget. Sorgen Sie sich darum, dass Sie das beste Konzept bekommen. Suchen Sie sich einen Konzeptentwickler, der nachweisbar schon an vielen Erfolgen beteiligt war.

Dort ist ihr Geld gut angelegt. Egal, was Sie ihm dafür zahlen.

Geld gegen Wirkung

Lassen Sie sich die Wirksamkeit durch Tests bei einem neutralen Marktforschungs-Institut vor der Einführung im Markt beweisen. Und akzeptieren Sie nur signifikante Verbesserungen, die auch im Markt erhebliche Marktanteils-Gewinne versprechen.

Wenn aber eine solche Innovations-Stufe gefunden ist, dann stecken Sie auch richtig Geld dahinter. Denn der Einfluss jeder signifikanten Verbesserung ist immer am Anfang durch den Neuigkeitsaspekt und den Kontrast zum Bisherigen besonders stark wirksam.

Soll heißen, ihre begrenzten Ressourcen sollten ausschließlich im Sinne einer gut angelegten Investition eingesetzt werden. Das bedeutet auch, dass die Marketing-Budgets kein Profitpuffer sind.

So wie Sie keine halbe Maschine für die Produktion anschaffen, sollten Sie sich auch hüten, die Gelder für die Kommunikation beliebig zu kürzen, nur um den im Vorjahr versprochenen Ertrag abzuliefern.

Eine Kampagne gewinnt unheimlich an Kraft, wenn man sie auch schaltet ...

Klären Sie die wichtigsten Fragen

Ich habe rund zwanzig Jahre in der Forschung gearbeitet, weil ich der festen Überzeugung bin, dass Aufklärung eine notwendige Grundvoraussetzung für richtige Entscheidungen ist.

Ich habe neue Forschungs-Systeme wie das Psychodrama, die GAP-Analyse, den MOT-Wirkungstest etc. in meinem damaligen Marktforschungs-Institut entwickelt, weil die klassische Marktforschung meiner Meinung nach zu methodenverliebt war, statt konkrete Ergebnisse für die Marketing-Entscheidungen zu liefern.

Gute Entscheidungen brauchen gute Grundlagen-Forschung. Und die Ergebnisse der eingesetzten Kommunikations-Budgets müssen systematisch überprüft werden. Was so selbstverständlich klingt, ist bei weitem noch nicht der Normalfall.

Prüfen Sie selbst in Ihrem Hause:

- Wer ist die Zielgruppe? Nach Soziodemografie? Psychologisch? Typologisch? Dann können Sie Ihre Zielgruppe viel besser ansprechen und die Effizienz des Werbebudgets um ca. 30% steigern.

- Ist der Grundnutzen für die Verwendung Ihrer Kategorie anhand der emotionalen und faktischen Kriterien analysiert? So dass man Verwendung und Nichtverwendung erklären kann? Dann können Sie eine Marke auf den Grundnutzen positionieren.

- Und sind die Kriterien identifiziert, die zur Heavy-Usage (80:20 Prinzip) führen? Dann können Sie mehr Light User zu Heavy User machen und den Umsatz deutlich steigern.

- Wurden die wichtigsten Benefits und Reason Whys Ihrer Marke systematisch erhoben und quantitativ gemessen? Und liegen die kaufrelevanten Motive vor? Dann können Sie Ihre Produkte gezielt danach weiterentwickeln und sind sicher, dass Sie in der Kommunikation die wichtigsten Kaufanreize ausloben.

- Welche vier, fünf Eigenschaften beschreiben die Kernkompetenzen Ihres Angebots? Dann können Sie durch eine gezielte Positionierung mit Ihrer Marke einen Teilmarkt dominieren.

- Stehen ein gewünschtes Ideal (Soll-Profil) im Sinne der faktischen und emotionalen Kunden-Bedürfnisse und die Bewertung ihres aktuellen Angebots (Ist-Profil) zur Verfügung? Dann können Sie aus der Differenz (GAP) die Optimierungs-Kriterien und deren Gewichtung für ihre Marke ableiten und Ihre Marke gezielt vom aktuellen Ist zum Soll optimieren.

Sollten diese Basis-Informationen in Ihrem Hause nicht vorliegen, so fragen wir Sie: Wie, um Himmels willen, wollen Sie die Performance Ihrer Firma künftig weiter steigern? Und gegen den Wettbewerb sichern? Wir haben gesehen, dass Versuch und Irrtum der gefährlichste und teuerste Weg ist!

Und besteht in Ihrem Hause eine Kultur, die Fehler toleriert? Sie vielleicht sogar fordert? Natürlich nicht absichtlich herbeiführt. Aber Sie brauchen ein konstruktives Controlling, das ständig Feedback über den Erfolg der eingesetzten Mittel gibt. Und sich in einer Lernschleife ständig selbst weiter optimiert.

So verrückt es klingt: Unsere besten Klienten sind die, die uns am wenigsten nötig haben. Denn sie stellen sich immer wieder selbst infrage, ohne Angst vor der Aufdeckung von Defiziten. Weil ihnen klar ist, dass man alles immer noch besser machen kann.

Und diese Klienten haben auffällig viele andere Firmen übernommen, die uns abgelehnt haben, weil sie unter dem Eindruck standen, wir würden nur ihre Mängel aufdecken.

Case Rate System

Wann und wie viel Geld sollen Sie für Marketing ausgeben? Hier kommen einige Empfehlungen, was sich in der Praxis bewährt hat:

Beginnen Sie mit einem Entwicklungs-/Startbudget für den Zeitraum bis die Marke „fliegt"! Fordern Sie dann, dass Ihre Marke ihr eigenes Marketing-Geld verdient: Prozentual vom Umsatz.

Der Tiernahrungs-Hersteller Effem, lange Jahre einer meiner Lieblings-Klienten, arbeitet bei den laufenden Marken mit einem „Rolling-Profit-Forecast" und einem „Case-Rate-System".

Dass bedeutet, die Marke bekommt zum Jahresanfang nur ein vorläufiges Budget und muss sich mit jedem verkauften Karton selbst ihre Marketing-Ausgaben verdienen. Mehr Umsatz, mehr Budget. Und umgedreht.

Und feuern Sie die Marketing-Verantwortlichen im Haus und die Agentur, wenn die Marktanteile Ihrer Marken sinken und nicht innerhalb von sechs Monaten eine nachvollziehbare Analyse und nachweisbar wirksame Vorschläge zur Behebung der Probleme vorliegen.

Unabhängig von steuerlichen Aspekten empfehlen wir dringend, den Marketingaufwand Jahr für Jahr degressiv abzuschreiben.

Relaunch-Termin

Auch wenn Sie unter Zeitdruck stehen: Nehmen Sie sich für die Konzept-Entwicklung (und die Realisierung) die notwendige Zeit. Wenn Sie bei dem vorgelegten Konzept nicht absolut sicher sind, ob es arbeitet, dann stecken Sie es noch einmal in einen Verbrauchertest.

Lassen Sie ein verbales Konzept auf einer halben DIN A4-Seite von ihrer Zielgruppe bewerten. Die zeigen Ihnen schon die Stärken und Schwächen auf. Ja, es kostet noch einmal vier Wochen. Und Geld. Aber das Unternehmenskonzept muss mindestens mittelfristig arbeiten und für die nächsten fünf Jahre verabschiedet werden.

Und wir können Ihnen noch einen guten Rat geben: Starten Sie den Relaunch zu einem festgelegten Termin. Sie haben nur EINEN Relaunch und der ist nur einmal NEU.

Verpulvern Sie Ihre Mittel also nicht tröpfchenweise, sondern lassen Sie den Relaunch sämtlicher Marketing-Mix-Elemente an einem festgelegten Termin aus dem Sack. Auch wenn es einem extrem schwer fällt, das Tagesgeschäft weiter nach der alten Struktur fortzuführen, obwohl man es inzwischen soviel besser weiß.

Es hilft nichts.

Entweder alles wird gleichzeitig umgestellt, oder ihre Firma versinkt im Kommunikations-Chaos, weil alle Mitarbeiter mit gutem Willen, aber unterschiedlichen Zielsetzungen für viel, viel Frust sorgen.

Wenn durch die Vorarbeit sichergestellt wurde, dass mit dem Budget tatsächlich Wirkung erzielt wird, also zusätzlicher Umsatz erreicht werden kann, weil man die richtigen Inhalte kommuniziert, dann macht es Sinn so viel Geld wie nur möglich zu Beginn eines Relaunches auszugeben. Denn der Neuigkeits-Aspekt (Kontrast) verstärkt die Wirksamkeit erheblich.

Man ist nur einmal NEU.

Falsch verstandene Wertanalyse

Sie haben Profitprobleme?

Finger weg vom Produkt. Wir haben Firmen erlebt, die haben die Produktqualität per Wertanalyse „optimiert". In vielen kleinen Wertanalyse-Schritten wurden immer wieder Rohstoffe durch preiswertere Alternativen ersetzt. Der Trick war, von der Salami so dünne Scheiben abzuschneiden, dass es so aussieht, als ob nichts fehlt. Aber wie oft kann man das wiederholen? Bis der Kunde es merkt und sich von dem Angebot abwendet.

Marketing-Kommunikation ist ein Teil der Marke wie das Produkt selbst.

Finger weg vom Budget. Kein vernünftiger Mensch würde eine halbe Maschine kaufen. Weil sie nicht funktioniert. Warum haben Sie vor einem Jahr das verabschiedete, ganze Budget für richtig gehalten? Erinnern Sie sich noch an den Buchanfang? Sie haben das Geld gebraucht, um mit 20 Prozent des Aufwandes rund 100 Prozent mehr Preis zu rechtfertigen! Sind Sie sicher, dass Sie von diesem Ziel abweichen wollen? Warum soll der Verbraucher diesen Mehrwert bezahlen, wenn Sie kein Geld mehr dafür haben, es ihm nachvollziehbar zu machen?

7.3 System-Check im strategischen Marketing

Stellen Sie Ihr strategisches Marketing auf den Prüfstand

Sie lassen Ihre Heizung warten? Bringen Ihren Wagen regelmäßig zur Inspektion? Aber wann haben Sie zum letzten Mal Ihr strategisches Marketing auf den Prüfstand gestellt?

Als Unternehmer sollten Sie das strategische Marketing und damit die Ursache des wirtschaftlichen Erfolges Ihrer Firma von Zeit zu Zeit in Frage stellen. Und prüfen, ob die Firma immer noch auf dem optimalen Erfolgskurs ist.

Im Vergleich zu den möglichen wirtschaftlichen Konsequenzen (vor allem Chancen) steht der Aufwand für einen solchen Zwischenstatus in einem extrem guten Verhältnis. Warum nutzen Sie nicht unsere Erfahrung und das MarkenMonopol-Konzept, um zu prüfen, welche bisher noch ungenutzten Marktchancen Sie zusätzlich realisieren können?

Denn im Laufe der Zeit verändern sich die Wünsche und Bedürfnisse der Kunden. Und die Wettbewerbs-Landschaft. Viele große Namen sind den Bach runter gegangen, weil sie sich zu lange, häufig sogar mit einer gewissen Überheblichkeit, auf dem gewohnten Erfolgs-Rezept ausgeruht haben.

Häufig haben ursprünglich überzeugende Konzepte ihre Faszination verloren. Haben neue Führungskräfte versucht, der Firma ihren Stempel aufzudrücken und es dabei an der notwendigen Kontinuität vermissen lassen. Ursprünglich als neu empfundene Konzepte sind im Laufe der Zeit zu selbstverständlichen Grundnutzen abgerutscht.

Was also haben Sie zu verlieren?

Was Außenstehende anders machen können

Ein wichtiger Vorteil ist, dass bei MarkenMonopole die jahrelange praktische Linien-Erfahrung aus hunderten solcher Projektaufgaben für Lebens- und Genussmittel, Kosmetik und Handel, Medien und Gebrauchsgüter kumuliert.

Arbeitet man über so viele Jahre und in so vielen Kategorien, so lässt sich ein riesiger Erfahrungsschatz überhaupt nicht vermeiden. Und man lernt, dass zwar einerseits jede Warengruppe ihre eigenen Besonderheiten hat, aber gleichzeitig erkennt man häufig leichter die übergeordneten Zusammenhänge.

Wir verfügen über ein MarkenMonopol-Konzept, das systematisch auf den konkreten Markterfolg ausgerichtet ist. Eine Art Marketing-Rezept, das basierend auf den Kunden-Bedürfnissen das Konzept entwickelt und mit der Wettbewerbslandschaft abgleicht – und so langfristig faszinierende Marken-Erfolge auslöst.

Sich um die Kernkompetenz des eigenen Geschäftes zu kümmern, ist immer gut investiertes Geld. So stellt sich die Frage: Was können Außenstehende wie MarkenMonopole, was Sie nicht selbst tun können?

Zunächst einmal sind Sie und Ihre Mitarbeiter ins Tagesgeschäft eingebunden. In der Regel mit einer mehr als ausreichenden Auslastung. Soll heißen, wahrscheinlich haben Sie gar nicht die Kapazitäten. Und mit hoher Wahrscheinlichkeit auch nicht den nötigen Abstand!

Viele Klienten wissen zu viele Details, so dass sie kaum noch ein Gespür dafür haben, wie die wahrgenommene „Wirklichkeit" aus Sicht eines durchschnittlichen Endverbrauchers tatsächlich aussieht. So haben wir als Außenstehende den System-Vorteil, eine möglicherweise bestehende Betriebs-Blindheit zu vermeiden.

Aber der entscheidende Vorteil ist: Wir sind Außenstehende!

Das bedeutet auch: Es ist völlig verständlich, dass Ihre Marketing-Abteilung auf uns geradezu allergisch reagiert. Schließlich haben diese Mitarbeiter mit ihrem ganzen Know-how und guten Willen bisher versucht, das Beste für Ihre Marke und Firma zu tun. Allerdings (wie Sie vielleicht gerade aus diesem Buch dazugelernt haben) in der Regel mit einem operativen Trial & Error-Ansatz, der aufgrund seiner inneren Logik eher zu einer hohen Floprate führt.

Also fühlt sich die Marketing-Abteilung angegriffen. Muss ihr bisheriges Verhalten rechtfertigen ...

Aber wir sind nicht der Gegner Ihrer Marketing-Abteilung, sondern der persönliche Helfer des Unternehmers. Wir prüfen mit Ihnen, wie man Gutes noch Besser machen kann. Denn wir haben einen System-Vorteil: Wir haben Ihre internen Marketing-Situationen nicht verursacht, und müssen diese deshalb auch nicht rechtfertigen. Wir sind nicht von Ihnen abhängig, wollen nicht von Ihnen befördert werden und können deshalb die Situation auch neutraler analysieren und bewerten.

Deshalb müssen SIE PERSÖNLICH unser Auftraggeber sein: Müssen wir in Ihrem Auftrag und für Ihre Interessen einen neuen Schwerpunkt im strategischen Marketing legen. Wir berichten an Sie. Erst wenn Sie überzeugt sind, werden alle anderen Fachbereiche einbezogen, um konstruktiv die gewollte Zielsetzung zu realisieren.

Wenn man es auf den Punkt bringt: Es geht in Wirklichkeit um einen Paradigmen-Wechsel vom operativen Trial & Error-Marketing hin zum strategischen Marketing: Um das Sie als CEO sich künftig selbst kümmern sollten. Eine Verantwortung, die Sie nicht an ihre Marketing-Abteilung delegieren können.

Also suchen Sie sich die besten Spezialisten für diese Aufgabe, die Sie auf dem Markt finden können. Und lassen Sie sich zuarbeiten. Denn schließlich sagt niemand, Sie müssten alles selbst tun.

Gemeinsam müssen wir den Weg gehen, das strategische und das operative Marketing so miteinander zu kombinieren, dass Sie für Ihre Marke die Zielsetzung bestimmen. Und die Marketing-Abteilung muss zusammen mit ALLEN anderen Fachabteilungen alles tun, um das beste erreichbare Angebot für Ihre Kunden im Markt anzubieten.

Zusammen ein MarkenMonopol machen

Die Kundenbeispiele in diesem Buch dienen Ihnen als Beweis, dass es möglich ist, Marken in relativ kurzer Zeit deutlich erfolgreicher zu machen. Die Firma MarkenMonopole Entwicklungs GmbH ist darauf spezialisiert, bestehende Marken noch erfolgreicher zu machen und Marktlücken zu identifizieren und neue Marken zu entwickeln.

Um Marken zu optimieren, bedienen wir uns bei dem MarkenMonopol-Konzept und der MarkenMonopol-Forschung. Wir verfügen über einen systematischen und ganzheitlichen Ansatz. Das bedeutet, dass wir uns nicht von sprunghaften, kurzfristigen Entscheidungen leiten lassen und nach dem Trial & Error vorgehen, sondern dass wir die einzelnen Schritte konsequent abarbeiten, um schließlich ein strategisches Konzept für die Marke zu haben.

Sie sind nicht der erste, der auf das MarkenMonopol-Konzept vertraut. Wir von MarkenMonopol-Consulting haben das Konzept bereits bei einigen Marken intensiv in ähnlicher Weise anwenden dürfen.

Das MarkenMonopol-Konzept haben wir auch bei Cremissimo und Rexona 24h angewendet, um den Grundnutzen zu identifizieren und mit diesen Marken dominant zu besetzen.

Das MarkenMonopol-Konzept haben wir auch bei Axe und Wrigley's Extra angewendet, um den relevanten Zusatznutzen zu identifizieren und mit diesen Marken dominant zu besetzen.

Das MarkenMonopol-Konzept haben wir auch bei Landliebe und Karstadt angewendet, um die relevante Konzernausrichtung zu identifizieren und mit diesen Marken dominant zu besetzen.

Das MarkenMonopol-Konzept haben wir auch bei Levi's angewendet, um das gewünschte Verwender- und Marken-Image zu identifizieren und mit diesen Marken dominant zu besetzen.

Lassen Sie uns prüfen, ob wir ähnliches auch für Sie vollbringen können. Deshalb rufen Sie uns an. Und lassen Sie uns ein erstes unverbindliches Gespräch führen.

Das Angebot steht: Lassen Sie uns die Situation Ihrer Marke besprechen.

Vielleicht finden wir völlig neue Möglichkeiten.

After Eight • Alete • Allegra • Almette • Apollinaris • Aral • Aurora • Axe • Bahlsen • BASF • Bayer • Beiersdorf • Bepanthen • Berentzen Apfelkorn • Berliner Pilsener • Bertelsmann • Birkel • Bitburger • Blanchet • Blendax • bofrost • Bonduelle • Bongrain • Brau und Brunnen • Bravo • Buko Frischkäse • Buena Vista • Burger King • Campina • Casserole • CD-Duschgel • Chappi • Chicogo-Cosmetics • Chocolait Chips • Clintex International • CMA • Coca-Cola • Conrad Electronics • Cosmopolitan Cosmetics • Credo • Daihatsu • Datev • De Beukelaer • Deutscher Ring • Dickmann's • Douglas • Dr. Beckmann Fleckensalz • Dr. Oetker • 3 Glocken • Dr. Koch's Trink 10 • Duplo • E-Plus Mobilfunk • Edle Tropfen • EKU • Elida Gibbs • Fernsehwoche • Ferrero • Fissler • Franken Brunnen • Fruttis • Funk Uhr • Gebrüder Götz • GEO • Gino Ginelli • Giotto • Granini • Grundig • Gruner & Jahr • Gubor • Gucci Accenti • Guhl • Hagenuk • Hanuta • Happy Hippo Snack • Heinrich Bauer Verlag • Herta • Hochland • hohes C • Holsten Pilsener • Homann • Hörzu • Impuls • Jacobi • Jacobs Krönung • Jever • Jim Beam • Johnson & Johnson • Journal für die Frau • Kaffee Hag • Karstadt • Katjes • Kellogg's • Kimberly Clark • Kinder Country • Kinder Pingui • Kleenex • Kleiner Feigling • Klosterfrau Melissengeist • Knoppers • Knorr • Kraft • Krombacher • Landliebe • Langnese Iglo • Le Tartare • Leibnitz Butterkeks • Levi Strauss • Lila Pause • Limit • Lindt & Sprüngli • L'Oreal • Lufthansa • Maggi • Mannesmann Mobilfunk • Marc O'Polo • Mars • McCain • Meggle Kräuterbutter • Microsoft • Milchschnitte • Milka • Mini-Windy's • Minolta • Mon Cherie • Mondamin • Mövenpick • Mumm • Nesquick • Nestlé • Nutella • Otto-Versand • Patros • Peppies • Pond's • Pro Sieben • Puschkin • Praline • Quelle-Versand • Radio Gong • R.J. Reynolds • Raffaello • Ravensburger Spiele • Rennie • Rexona • Rodenstock • Rotring • Sarotti • Schneekoppe • Schoko-Leibnitz • Schöller Lebensmittel • Schwan Stabilo • Seagram • SPAR • Springer Verlag • Stada Arzneimittel • Stella Musical • Storck • Süddeutscher Verlag • Sula Bonbon • Sumatra-Rain • Tengelmann • Tetra-Werke • Thomy Ketchup • TIC TAC • Timotei • Toffifee • • Trumpf Schokolade • Tucher Bräu • TUI • TV Hören und Sehen • Überkinger • Valbrie • Valensina • Varta Batterie • Viala • Villeroy & Boch • Vivil • VK Mühlen • Vorwerk • Wagner Tiefkühlprodukte • Warsteiner • Weight Watchers • Wella • Werdin • Wick MediNait • Wolf / Bergstraße • Wrigley • Yes-Törtchen • Yogurette • Zott •